- 本成果由北京印刷学院英才选拔与培养办法资助，项目编号：27170116004/043
- 本成果由北京印刷学院海聚人才项目资助

超越边界
BEYOND BORDERS

国际一流媒体的融合实践

张聪 著

INTEGRATION PRACTICES OF WORLD-CLASS TRADITIONAL AND NEW MEDIA

知识产权出版社
全国百佳图书出版单位

图书在版编目（CIP）数据

超越边界：国际一流媒体的融合实践 / 张聪著 . —北京：知识产权出版社，2019.7
ISBN 978-7-5130-6364-7

Ⅰ.①超… Ⅱ.①张… Ⅲ.①传播媒介—研究 Ⅳ.① G206.2

中国版本图书馆 CIP 数据核字（2019）第 141837 号

内容简介

随着时代的发展，各类新兴媒体的如雨后春笋般崛起，传统媒体不断地受到新媒体平台的挑战，为了壮大实力，传统媒体逐渐开始进行兼并和重组。在当今新兴媒体、搜索引擎占信息流主导地位的时代背景下，传统媒体的影响力有何变化？新兴媒体有哪些优势值得研究？本书通过大量的研究，希望能为读者提供一些新思路。

责任编辑：张冠玉　　　　　　　　　　　　责任印制：孙婷婷

超越边界：国际一流媒体的融合实践
CHAOYUE BIANJIE : GUOJI YILIU MEITI DE RONGHE SHIJIAN
张　聪　著

出版发行：	知识产权出版社有限责任公司	网　　址：	http://www.ipph.cn
电　话：	010-82004826		http://www.laichushu.com
社　址：	北京市海淀区气象路 50 号院	邮　编：	100081
责编电话：	010-82000860 转 8699	责编邮箱：	laichushu@cnipr.com
发行电话：	010-82000860 转 8101	发行传真：	010-82000893/82005070/82000270
印　刷：	北京虎彩文化传播有限公司	经　销：	各大网上书店、新华书店及相关专业书店
开　本：	890mm×1240mm 1/32	印　张：	6
版　次：	2019 年 7 月第 1 版	印　次：	2019 年 7 月第 1 次印刷
字　数：	121 千字	定　价：	59.00 元

ISBN 978-7-5130-6364-7

出版权专有　侵权必究
如有印装质量问题，本社负责调换。

序言

国际一流媒体是什么？

是《纽约时报》、BBC、CNN这样的传统媒体？

还是像迪士尼、新闻集团这样的跨国传媒集团？

还是像谷歌、脸书、推特这样的"平台媒体"？

是，或都不是。

媒体融合的脚步在不断加快。

任何一个报纸、一个电视台、一个通讯社、一个网站，已经都不会以单一的形态出现。

所有的国际一流媒体都在转型和变革；

所有的国际一流媒体之间都在竞争和融合。

传统媒体和新媒体在融合，新媒体和新媒体也在融合，传统媒体集团内部也在融合。

这些融合实践就像宇宙的混沌一样，看似毫无规律，但是又有轨迹可寻。

我们不断地在各种新闻中看到《纽约时报》推出了一个又一个新服务，BBC上线了一个又一个新功能；谷歌自称是媒体的"老铁",脸书与媒体的关系又在恶化,等等。

我们不断地在新闻中看到各种新兴媒体的崛起,传统媒体不断地受到平台的挑战进而自建联盟自救,各种媒体兼并和重组,等等。

从这些混沌的快速的变化中,你可能不禁要问:

在如今这个社交媒体和搜索引擎占信息流主导地位的时代,国际一流媒体到底是什么?

传统的国际一流媒体还有影响力吗?

它们还有什么值得我们研究的?

对于这些问题,我相信看完本书,你会有自己的答案。

而在了解国际一流媒体融合实践的经验和教训之后,

你可能还要问:

中国有国际一流媒体吗?

我们如何打造自己的国际一流媒体呢?

他者的经验和教训真的值得我们借鉴和吸取吗?

带着这些问题,那就让我们一起,揭示这些国际一流媒体的融合真相,一起来看看其成败得失,一起来构想并打造中国的国际一流媒体吧。

目 录

第一章　国际一流报刊媒体的融合实践 …………………… 001
第一节　《纽约时报》：超越边界 …………………… 002
　　一、付费先驱的底气 …………………… 003
　　二、现象级融合报道的秘密 …………………… 006
　　三、不务正业的跨界玩家 …………………… 012
　　四、站在科技浪潮之巅 …………………… 020
第二节　《华盛顿邮报》：向死而生 …………………… 029
　　一、普利策奖的常客 …………………… 030
　　二、不再是纸媒 …………………… 031
　　三、用户至上 …………………… 033
　　四、后真相时代下的坚守 …………………… 041
　　五、短视频发力 …………………… 043
第三节　《经济学人》：依然贵族 …………………… 047
　　一、做新媒体的匠心 …………………… 049
　　二、玩转社交 …………………… 053
　　三、立足高端 …………………… 058

超越边界：国际一流媒体的融合实践

  四、格调视频 ·· 060

 本章小结 ·· 063

第二章　国际一流广播电视媒体的融合实践 ············ 067

 第一节　BBC：发现未来 ································ 069

  一、做网站就是要做减法 ···························· 069

  二、炒掉领导留记者 ································ 074

  三、发动群众 ·· 080

  四、创造性的iPlayer ································ 083

  五、潮并燃 ·· 087

 第二节　CNN：与世界重新连接 ······················ 097

  一、最成功的传统媒体公司 ························ 098

  二、向全媒体机构转型 ······························ 101

  三、公民新闻 ·· 104

  四、好故事 ·· 107

 本章小结 ·· 116

第三章　国际一流通讯社的融合实践 ···················· 118

 第一节　美联社：机器人时代到来 ···················· 119

  一、视频能顶半边天 ································ 119

  二、技术是第一生产力 ······························ 122

  三、社交媒体使用指南 ······························ 126

 第二节　路透社：不再是通讯社 ······················ 130

  一、权利的游戏 ······································ 131

  二、机器人写稿 ······································ 132

三、把握世界脉搏 …………………………………136
　第三节　法新社：小而精路线 …………………………138
　本章小结 ……………………………………………………140
第四章　国际一流网络媒体的融合实践……………………142
　第一节　谷歌：媒体的颠覆者 …………………………145
　　一、谷歌变成了 Alphabet 的子公司 ………………145
　　二、与传统媒体称"老铁" ……………………………150
　　三、从移动优先到人工智能优先 ……………………156
　第二节　脸书：媒体帝国大厦 …………………………159
　　一、即时文章的融合困境 ……………………………160
　　二、帝国初现与危机 …………………………………164
　本章小结 ……………………………………………………171
结　语………………………………………………………………172
参考文献…………………………………………………………175
后　记……………………………………………………………177

第一章

国际一流报刊媒体的融合实践

提起国际一流的报刊媒体,我们一般会想到的是传统大报《纽约时报》《泰晤士报》《华盛顿邮报》《华尔街日报》《经济学人》《时代》《财富》等这些报纸和期刊。

这些报刊在其最辉煌的年代都有着超乎寻常的影响力。

《纽约时报》因为长期以来在国际报道领域的领先地位而成为国际一流大报。《华盛顿邮报》因为"水门事件"而一战成名,且获得过无数次普利策奖。近年来,被亚马逊收购后,其数字化转型和全球化扩张引人注目。《经济学人》100多年来一直都是具有强大公信力的国际一流期刊。

这些都是影响了世界发展进程的国际一流媒体，在融合实践中敢于试水，勇于创新。《纽约时报》的一个数字化专题报道 SnowFall（《雪崩》）获得了3000万浏览量，其由此开创了付费墙制度，为纸媒发掘了一条新的出路。《华盛顿邮报》被并购后的各种新媒体实验让人应接不暇，拍手称赞。《经济学人》坚持的高定价和移动战略让人惊叹。

国际一流报刊通过过硬的原创内容、前端的技术、丰富的创新手段，走在了融合的前端，提升了影响力。

本章通过对《纽约时报》《华盛顿邮报》《经济学人》的考察，来探讨传统纸媒如何解决付费内容与流失用户之间的矛盾，如何创新报道方式，如何改造自身的组织结构，如何把融合做到极致。

第一节 《纽约时报》：超越边界

《纽约时报》作为世界一流大报，有着160多年的辉煌历史，这份"历史记录式的报纸"拥有良好的公信力和强大的国际影响力。

在印刷时代，《纽约时报》可以说是当之无愧的"无冕之王"。

今天,《纽约时报》仍然是代表美国主流社会和精英阶层的最具影响力的精英报纸之一,是公认的国际一流媒体。

在媒体融合和时代变革中,《纽约时报》一直走在前沿,从最开始的网站付费墙到多媒体的报道方式,从新闻客户端到VR眼镜,《纽约时报》从来不缺乏创新。

2011年7月,纪录片《纽约时报头版内幕》(Page One Inside the New York Times,又名《头版:纽约时报的一年》)在洛杉矶公映。这部纪录片讲述了2010—2011年发生在《纽约时报》的故事,阿桑奇与维基解密、付费墙、推特的冲击、报社要倒闭的传闻、论坛报集团的倒闭等重大事件均在片中有所体现。这部纪录片不仅是《纽约时报》对自身转型期的记录,也是美国传媒界产业革命的缩影。在"新闻业已经成为一个人人可以参与的行业""传统印刷广告市场日趋衰落"的时代,《纽约时报》通过这部纪录片告诉世人,报纸要在新媒体时代生存,就必须将转型进行到底,而继续坚持高品质的报道,继续坚守一流媒体的水准,则是转型的核心。

一、付费先驱的底气

1996年年初,当因特网刚刚开始兴起的时候,《纽约时报》就开设了自己的网站www.nytmies.com。同年诞生的,还有搜索引擎谷歌,而脸书在8年后才诞生。而比它更早的报纸网站,就只有英国的《每日电讯报》(1994年上线)。

作为报纸网站的先驱和鼻祖，《纽约时报》网站很快成为美国甚至世界访问量最大的报纸网站。

1996—2018 年的 20 多年间，互联网的世界发生了翻天覆地的变化。而《纽约时报》网站的发展正如它的纸质版所奉行和坚守的那样，仍然是这个时代的"记录者"。

2005 年，在创办近 10 年之后，《纽约时报》网站开始尝试对内容收费。这就是在当时赫赫有名的付费墙制度（paywalls）。当时，《纽约时报》网站对新闻部分内容免费，而对一些精选内容收费，用户需要支付 49.95 美元的年费，才能看到一些优质的专栏评论和"时报精选"文章。而已经订阅纸质版《纽约时报》的读者可免费阅览。

付费墙制度的推出，是《纽约时报》这个国际一流媒体对"内容付费"模式的一次尝试，也代表了《纽约时报》对用户和品牌的信心。

但是，仅仅在两年之后的 2007 年 8 月，由于网站访问量锐减，且未超过其商业预期，《纽约时报》又开始推掉自己建筑的付费墙，实行内容全面免费。

《纽约时报》的这次尝试在当时的业界人士看来是失败的，是纸媒在网络时代衰落的开始，各种报纸唱衰论不绝于耳。

然而，这次的失败并没有打消《纽约时报》网站对内容收费的念头。

3 年多之后，2011 年 3 月 28 日，《纽约时报》网站再次开始收费，收费的标准和范围都更为复杂。

重新开始内容收费后,《纽约时报》的数字订阅用户很快超越了纸质订阅用户,实现了良性的发展。

从"砌墙"到"推墙"再到"砌墙",《纽约时报》网站在内容收费上的尝试,是对数字化内容价值的追寻过程,也是"网络环境下重新回归新闻专业主义的重要努力"[1]。

2016年美国大选后,总统当选人特朗普在网络上批评包括《纽约时报》、CNN在内的一批美国主流媒体,认为他们"很差劲"。但是,特朗普的批评反而使美国的传统主流媒体的数字订户大幅上升,《纽约时报》付费订户的增幅相当于平时的4倍。

从目前来看,《纽约时报》付费墙制度是成功的,很多国际一流报纸如《华尔街日报》等也加入了这一阵营。

2016年,《纽约时报》已经在数字订阅中取得了5亿美元的收入,数字广告收入上升了11%,占总收入的42%。数字付费用户增加了27.6万人,总数达到185.3万。发行总收入上升了5%,其中数字发行收入上升了22%。但是,反对和质疑的声音也不绝于耳。

《福布斯》专栏作者Greg Satell 称,《纽约时报》放弃了一个本来可以增长20%的广告收入来源,而专注于那个只能增长5%的订阅收入。

---

[1] 潘新红.报业数字化发展模式解析——以纽约时报为例[J].青年记者,2013(16):85-88.

路透新闻研究室在调研了9个国家的1.1万用户后提出，线上内容付费用户比率较低的国家只有5%，较高的可以达到13%。虽然付费比率较上一年已经增长了一倍，但是想让更多人加入付费阵营会越来越难。❶

虽然《纽约时报》网站发展之路充满变数和艰辛，但是我们看到的是它一直在适应变化，努力创新。

这种勇气和创新精神是难能可贵的。对于类似的成功故事，我们需要的不是简单的模仿，而是了解和学习别人成功的背后所有的理念、战略、探索和再探索。

二、现象级融合报道的秘密

2011年，《纽约时报》推出了数字化专题报道 *SnowFall*，业界俗称《雪崩》。

《雪崩》讲述了6个扣人心弦的故事，引发了公众对于滑雪场上高死亡率的关注。《雪崩》首发于网络，3天后才印在报纸上。这个融合新闻报道作品一出现就引发了业界的广泛讨论，有赞赏也有质疑。

赞赏的原因是《纽约时报》花了半年时间才制作出这个新闻作品，它融合了当时最先进的多媒体手段，如交互式图片、3D地图、音视频内容及多元化的报道方式。文章内容

---

❶ LOIS. 数字内容付费订阅不能真正挽救传统媒体 [EB/OL]. (2013-8-25). http://tech.qq.com/a/20130805/002089.htm.

由《纽约时报》的普利策获奖作家 John Branch 撰写。这个报道发布后 6 天内就获得了 290 万访问量和 350 万页面浏览量。

质疑的声音主要是《雪崩》报道的成本太高,被认为是"高富帅媒体"的烧钱游戏。当时在报道制作中采用的 HTML5 等技术手段还尚未普及。

但是,从今天的视角来看,《雪崩》是全媒体报道的典范和经典,体现了《纽约时报》作为国际一流媒体敢为天下先,敢于改革的精神。

《雪崩》之后,《纽约时报》不断尝试独具特色的融合报道模式,强调受众参与的数据可视化互动新闻,以及移动终端的开发与使用。

做融合新闻不难,难的是将各种多媒体元素进行配合,相互构建为一个整体,这需要从海量的信息中筛选出最有价值的内容,并以最有效的手段将内容进行深度的融合。

在不同手段的配合使用、不同内容的配合展示方面,《纽约时报》的融合报道真正做到了深度融合。一些经典的互动新闻作品,因为其鲜明的目的性、信息的高度集纳性,即使时过境迁,仍保留着极高的浏览量。[1]

---

[1] 闫月英,王娟,丁梅.融合报道的生产与传播——以《纽约时报》网络版为个案[J].新闻知识,2012(6).

链接：《纽约时报》玩逆向融合新闻

翻开2017年3月的纸质版《纽约时报》A2、A3版，你会发现这样与以往不同的鲜活内容。比如《纽约时报》在社交媒体上的全局总览，某个记者在推特上的发帖经历，电子版的填字游戏变成了纸板等。

这些新内容都集中在"共同关注"（Spotlight）、"热度榜"（The Conversation）、"填字小游戏"（Mini Crossword）等版块中。

热度榜是为报纸读者专门准备的栏目，目的是将数字平台独有的排行、评论等内容延伸到印刷媒体中。虽然这些排行榜内容并不鲜见，但是网络上排行榜仍缺乏评论性内容。为何一篇文章会火？最热文章下最有意思的评论是什么？这么做并不是要将读者引流到网站等数字平台上，而是将网络内容进行适当的包装再迁移到报纸上，可以说是一种反向融合。

《纽约时报》为了更好地做融合报道，也在不断优化提升自己的编辑队伍和采编流程。

2005年前，《纽约时报》网络编辑队伍只有40多个编辑，没有记者，基本不做原创性的报道。后来，《纽约时报》逐渐打破网络编辑部和报纸编辑部之间的界限，网络编辑部开始融入报纸的传统业务部门。

2007年,《纽约时报》建立了纸质新闻采编团队和数字新闻运营团队联合编辑部,同时为支持数字媒体和传统媒体的互动融合,成立了电脑支持报道组和互动新闻技术组等。

2011年,《纽约时报》将传统编辑部门和数字新闻部门打通,报纸和网站采编队伍合二为一。所有记者既要给报纸供稿,又要给网站供稿,成为全媒体记者。

随着互动融合新闻的快速发展,《纽约时报》又成立了互动新闻技术部,下设社交媒体组、社区组和开发者组,把新闻编辑和技术专业人才融合在一起,进一步对新闻制作方式、流程和新闻呈现形态进行融合改革。报纸还在内部进行岗位优化配置,加强对多媒体制片人、视频制作人、图片编辑的岗位配置。

《纽约时报》的采编力量也一直保持在1000人左右,并在国际新闻方面增加投入。2016年,《纽约时报》投入5000万美元扩张海外市场。

国际一流报纸的雄心仍然是放眼全球,以期成为报道国际新闻和发表意见的不可或缺的引领者。

在2017年的《创新报告》中,《纽约时报》仍表示"我们现在还没能将新闻编辑部里的那些技巧用于实现我们雄心勃勃的改革计划"。

链接:《纽约时报》的原生广告

2014年,《纽约时报》推出了原生广告平台Paid Post,并为此成立了一个拥有35人的T Brand Studio(T品牌工作室),为营销团队制作原生广告内容,以帮助推动数字广告收入的增长。

《纽约时报》发言人琳达表示原生广告业务在2014年第三季度带来了16.5%的上涨,让《纽约时报》印刷广告增至3820万美元。T品牌工作室已经完成了40多个项目,服务的客户包括Netflix、壳牌等。

在《纽约时报》的T品牌工作室,设有7个营销类的新职位,包括金融编辑和社交分析经理、商业编辑、技术编辑、社交媒体副主编及技术方面的UX设计师等。

对于《纽约时报》这样的严肃媒体,原生广告的应用也引发了一些争议。一些记者和编辑认为它跨越了新闻和营销之间的界限,降低了新闻报道的公正性和真实性。发行人小亚瑟·萨尔兹伯格也承认,这种广告在记者中引发了争议,但他却希望通过这种广告来提升营收,从而支撑《纽约时报》继续发展。

为了和真正的报道相区别,《纽约时报》将原生广告称作"付费帖子"。这类文章模仿了记者撰写的报道,因此被称作"原生",但它们的真正作者是赞助商,所以应该划分为"广告"一类。在2014年改版后的纽约时报网络版中,这样的"付费帖子"都会用蓝色边框包围起来,以区别于常规文章。而且还会附带一条免责声明,并采用不同字体。此外,《纽约时报》还会提供其他广告,包括所谓的"色带单元",可以显示在页面顶端的导航栏中。

这些原生广告作品中也不乏佳作,比如植入鞋履品牌Cole Haan的微型纪录片式原生广告《勇气与优雅》;负责推广Netflix的自制剧《女子监狱》的纪录片《女囚犯:为何男囚犯模式不适用了》等。《女囚犯:为何男囚犯模式不适用了》这部作品还成功入围2014年《纽约时报》1000篇最佳文章排行榜。

T品牌工作室从传统的图文广告单一模式,发展出一系列原生广告创意产品矩阵,包括原创报道、网站开发、印刷广告、纪录片、营销活动策划、互动数据可视化作品、原创影像、书籍、内容指导、KOL合作、播客节目等产品形态。此外,还尝试利用VR和AR等创新技术制作原生广告内容。

如今,《纽约时报》网站是世界富有创新的媒体网站之一。

其口号已经从"刊登一切适合刊登的新闻"（All the News That's Fit to Print）替换为"所有的一切都是关于对话"（It's All About the Conversation）。

而《纽约时报》就像是一台实验机器,要将这种数字化转型进行到底。

三、不务正业的跨界玩家

2014年6月12日,《纽约时报》的所有工作人员收到了一封电子邮件:"在之后的一个星期,该报大楼里所有的电脑都将无法正常访问该报的网站,用电脑登录网站首页能看到的只有一句话：请使用手机或平板电脑访问。"

为了强调"移动端"的重要性,刺激记者编辑在选题和写稿时优先以移动设备为出发点考虑问题,《纽约时报》的管理层们采取了这一"激进"举措。

虽然《纽约时报》较早推出新闻客户端,在"移动端"取得了相当大的进步,但管理层仍然认为需要强调移动先行。

早在2011年4月,《纽约时报》就在iPad上线了个性化新闻聚合应用News.me。该应用可以通过利用网址缩短服务bit.ly和推特的信息,为用户提供一种分享式阅读的新闻体验。用服务提供者自己的话来说,"可以站在紧密朋友和超级有趣的作者和思想者的肩膀上阅读"。

但是,News.me市场一直反响平平,一是因为News. me

实行收费阅读制度，二是因为在 2010 年面世的新闻聚合应用 Flipboard 已经抢占了市场。

2016 年 8 月 15 日，News.me 宣布成立独立公司，并取消了以往每周 0.99 美元的订阅费用，实行免费政策。News.me 团队在公司博客中表示，News.me 的目标是彻底改造所在行业，并利用从社交网络获得的经验，让新闻发现和消费更加美好。

其实，News.me 只是《纽约时报》研发实验室开发的众多移动应用中的一个。

2012 年以来，《纽约时报》先后发布了多款客户端，如专门发布《纽约时报》专栏评论的 NYT Opinion，浓缩纽约时报网站精华内容的 NYT Now，纽约时报美食 NYT Cooking、纽约时报填字游戏 NYT Crossword、纽约时报房地产 NYT Real Estate、纽约市旅游指南 The Scoop：NYT Guide to NYC Food, Drinks & Fun 等，内容丰富，品种多样，体现了《纽约时报》对移动战略的重视。

值得注意的是，NYT Opinion 和 NYT Now 由于采用付费策略，推出后用户数量很少。为此，《纽约时报》不得不在 2014 年将 NYT Opinion 关闭。而 NYT Now 也从 2015 年 5 月 11 日起正式放弃付费政策，变成一款免费客户端。

这些移动端的用户大多来自原来网站的用户，他们之所以订阅客户端，很大程度上是因为其价格比网络版便宜。

而像纽约时报美食（NYT Cooking）这样专注于某一特定领

域的客户端，由于具有较强的服务性与工具性而且免费，反而大受欢迎。

> **链接：不务正业的《纽约时报》**
>
> "NYT Cooking"来源于《纽约时报》网站上的美食频道（Cooking.nytimes.com）。该频道的客户端与美国酸奶企业品牌Chobani独家合作，内置了相关的产品广告与大量的原生广告。
>
> 它的主界面展示不同标签内的菜式，用户可以在最顶端的搜索栏，通过关键字寻找自己想要了解的菜式。下方则是不同类别的标签，包括"素食""周末特餐""F二人特餐""杂烩锅""时代精选"及"Cocktails"等9类不同菜式及饮品。此外，它还有筛选功能，用户可以轻松地根据自己的烹饪时间、食材和菜品的复杂程度来决定做不做这道菜，根据时间、难易程度等实际情况来选择合适的料理，也可以通过每道菜后的"用户点评"看其他用户的做菜心得及评价，实用性很强。
>
> NYT Cooking虽然是一款免费软件，但还是靠原生广告盈利。例如它和总部位于洛杉矶的食材电商Chef'd合作，将自己的品牌变身为一个厨师，将自己餐饮编辑Sam Sifton主理的菜单在Chef'd上出售。除了菜式研发

之外，从配料到配送都是由 Chef'd 的团队承担，收入由二者分享。

2015 年 1 月，《纽约时报》执行总编辑迪恩·巴奎特在一份备忘录中称，NYT Cooking 已拥有 800 多万网页端用户，而移动客户端则被下载 30 万次，可能成为"未来数字时代深度报道的模板"(A template for the digital future of our features report)。

除了美食，《纽约时报》还开发了周边产品的线上商城、红酒俱乐部，甚至还组织起了会议和论坛。除此之外，他们还开发了旅游产品 Times Journeys——由他们的驻外记者带读者游览伊朗、古巴这样的国家。

像《纽约时报》这样的传统媒体，要和碎片化与庸俗化的社交媒体竞争用户，确实有点难。《纽约时报》那些上万字的超长文章很难在移动端完整呈现，却经常被别的网络媒体拿去改编。❶

下文描述的就是一个这样的典型案例。

---

❶ 假装在纽约.《纽约时报》刻意捆绑移动端的深意[J].新民周刊，2015(24)：27.

链接:《你的女儿怀孕了？塔吉特比你更早知道》

移动互联网时代人们同样有深度阅读的需求，高质量深度调查报道永远不会过时。问题在于许多报道其实根本没有拉长的必要，很多在其他媒体上只有几百个单词的普通新闻，《纽约时报》仍然会加上前因后果和各种细节变成3000个单词的长文章。这种毫无意义拉长的报道在新闻纸上形成了《纽约时报》的独特风格，但是在资讯爆炸的屏幕上却成了最大的累赘和败笔。

于是就出现了一个很搞笑的现象，《纽约时报》的许多报道在自家网站上点击量寥寥，但其他网媒从中挑选出部分细节加以重新包装后却形成了"病毒传播效应"。纽约时报旗下一本杂志曾有一篇长达7页的报道《企业如何探知你的秘密》，里面提到这么一件事：一名父亲气愤地指责塔吉特超市多次向他未成年的女儿邮寄孕妇装和育儿产品的优惠券，他认为这是在鼓励女儿怀孕；但几天后，塔吉特的经理接到了这名父亲的道歉电话，原来他的女儿早就怀孕了，塔吉特的大数据分析早他一步发现了这一点。

《福布斯》杂志的一名网站编辑敏锐地意识到这是一个十分精彩的故事，为大数据的隐私问题赋予了形象和情感，可是它却被埋在5000字的长文里，而那篇文章本身几乎没有引起任何反响。于是这名编辑写了一篇精简的短文，着重提到了这个故事，同时改了一个醒目的标题《你的女儿怀孕了？塔吉特比你更早知道》。这篇文章随后迅速疯狂传播，在社交网站上被人一次次地分享，它最后的浏览量是多少呢？达到了250万次。类似这样的沉痛教训，对《纽约时报》来说比比皆是。如何真正地让记者编辑转变思路，在撰写报道时养成移动互联网的思维方式，可能远远不止禁止在办公室里用台式电脑访问网站那么简单。

——引自《〈纽约时报〉刻意捆绑移动端的深意》

但是，《纽约时报》仍然在不断尝试适合自己的移动发展战略，如推出API服务、实施内容开放战略、组织开发者联盟、与第三方平台Flipboard等合作等。

《纽约时报》的移动客户端也不断创新，如和社交媒体紧密结合，和LBS（地理定位服务）、视频分享等业务绑定，提高内容的用户黏性和经济价值，高度重视数据可视化技术应用，增加新闻的阅读价值，强化用户体验等。

2016年10月，《纽约时报》以稍高于3000万美元的现金交易方式买下了消费电子指南网站"钢丝钳"（The Wirecutter）和"甜蜜之家"（The Sweethome）。

在2017年的《创新报告》中，《纽约时报》提出"要报道生活，但野心是指导生活"，所以在NTY Cooking大受欢迎之后，《纽约时报》收购了这两家美国的评测网站，向新闻服务的方向、生活化的方向又迈进了一步。

链接：《纽约时报》为什么要买下这两家小网站？

"钢丝钳"（The Wirecutter）网站成立于2011年9月，测评对象主要为电子消费产品，该网站曾登上《时代》杂志50个最佳网站榜单。

它的姐妹网站"甜蜜之家"（The Sweethome）测评的则主要是家用电器和家居产品。

在"钢丝钳"和"甜蜜之家"的测评中，不会只评测一款产品，而是会评测同价位、同类别里的数款甚至数十款产品以得出最终结论，从而推荐一款最佳产品给消费者。文章会详实地介绍评测方法、评选理由、参与测评的所有性能，以及测评人员的专业性、可替代选择等内容。

运营两个网站的编辑们在消费领域经验丰富，用专业的标准及比许多科技杂志或者博客花费的多得多的时间和功夫去做测评。一篇文章在测评上的人工耗时从30小时至200小时不等，其测评方式更是创意十足。

2015年，The Wirecutter带给电商1.5亿美元交易额，每件商品因类型不同，可以为它带来2%~8.5%的抽成。《纽约时报》的收购会保持The Wirecutter的独立性，并且拓展了《纽约时报》在数字领域的领先性。

——引自《〈纽约时报〉为什么要买下这两家小网站?》

在对待社交媒体的态度上,《纽约时报》显得颇为开放,始终向社交媒体敞开大门,对编辑记者使用社交媒体持积极鼓励的态度,而且没有制定限制性条条框框,以尽量减少约束。

《纽约时报》较早在推特、脸书等平台上开设机构账号。2011年年初,《纽约时报》脸书页面粉丝数量突破了100万,其推特粉丝将近300万,领先其他所有美国报纸。

到2012年3月,其脸书和推特粉丝已经分别突破了220万和550万。2013年5月,这两个数字则分别又达到了300万和830万。

《纽约时报》公司研发副总裁迈克尔·齐姆巴里(Michael Zimbalist)说:"我们试图预见社会分享和实时互联网结合在一起会如何影响新闻的消费体验。我们决定开发一个原型,来看世界在往哪一个方向前进。"❶

四、站在科技浪潮之巅

2015年11月,《纽约时报》制作的第一部VR影片《流离失所》(The Displaced)公映。这部虚拟现实电影讲述了叙利亚难民流离失所的故事,战争让3000万儿童背井离乡。为了这部

---

❶ 胡泳.报纸已死,报纸万岁——报纸转型的关键策略[J].新闻记者,2011(11):15-22.

影片的公映，纽约时报发放了 100 万部售价为几十美元的廉价初级虚拟现实设备 Google Cardboard，为读者提供"浸入式"体验，号称"看新闻视频比 3D/IMAX 还带感"。

从第一个 VR 报道系列，到最新的冥王星聚焦项目，再到"沉思型虚现实"的实验，《纽约时报》尝试在更多领域运用 VR 这种新技术。

2015 年 11 月 6 日，《纽约时报》上线了一款虚拟现实新闻客户端 NYT VR。

之后，《纽约时报》跳入了虚拟现实浪潮，NYT VR 应用下载量超过 100 万次，并且制作了 16 部原创影片，有《流离失所》(*The Displaced*)、《漂泊不定的电影明星》(*Take Flight*) 和《在伊拉克与 ISIS 的对抗》等。由于制作难度较大，NYT VR 中仅有几部虚拟现实作品。在客户端中可以选择两种模式观看，一是"Google Cardboard"模式，适用于拥有谷歌虚拟现实设备的用户体验；另一种是"智能手机"模式，没有设备的用户也可以用手机浏览视频。❶

> **链接：《纽约时报》玩 VR**
>
> 第一部 VR 作品《流离失所》取得了震撼人心的效果，但是把新闻与 VR 技术结合起来又会出现新的伦理

---

❶ 全媒派.《纽约时报》VR 多高能？［EB/OL］.（2015-11-09）.［2016-10-10］.https://news.qq.com/original/dujiabianyi/zhenrenceping.html.

问题，新闻生产者要如何在360度的镜头下隐去自己的存在？他们无论如何都会入镜，成为内容的一部分。联合执导"流离失所"的摄影记者本·所罗门说过，拍摄一部视频就像打猎，你知道你的明确目标；而拍摄一部VR影片就像设置陷阱，你把一切布置停当，希望有好的结果，但具体怎样谁都说不准。新闻的属性在这里并没有消解，如果想的话我们也可以玩儿很多套路，但那不是我们的风格。编辑萨姆·多尔尼克则说："我们已经写了上百个关于难民危机的故事，读者们已经变得有些见怪不怪了。但是，有了VR这种新的技术，观众能够与这些孩子进行眼神交流，这样的体验令他们震惊，也影响深远。"编辑杰克·西尔沃斯坦（Jake Silverstein）说："虚拟现实的力量在于，它能在观众与人物和事件之间建立一种独特的移情关系。"

2016年5月，《纽约时报》又推出了一个新的VR项目——"寻找冥王星的冰冻之心"，《纽约时报》科技部记者丹尼斯·奥弗拜带着用户们在冥王星表面进行了一次虚拟旅行。

这个新的项目可以说是《纽约时报》VR发展历史上的一大里程碑。以前《纽约时报》的VR报道项目都是在与VRSE这种VR研发企业的合作中推出的，本次的冥王星聚焦项目则是由《纽约时报》科技部和图片部独立完成的项目。《纽约时报》为这个项目又派发了30万件Google Cardboard。

《纽约时报》希望用自己的方式定义VR新闻,并称为"沉思型虚拟现实"。这种拍摄比起传统的影片套路更少,真诚更多。摄影师只需要把相机放在那里,然后就可以离开现场,静观变化了。在这些VR影片中,你会置身于日暮时分的牙买加海滩,会站在加拿大的瀑布前。你环顾四周,没有故事,没有任何事发生。这种体验是一般的视频很难做到的。

作为新闻行业试水VR的先驱,《纽约时报》还在不断扩张其虚拟现实业务,包括与谷歌一起将谷歌地图服务与一项36小时旅游系列报道巧妙结合,做成"虚拟现实体验包";与三星合作推出了一个每日更新的VR视频新闻产品"每日360"(The Daily 360);收购了实验性VR/AR设计工作室Fake Love,将其并入《纽约时报》内部的原生广告团队T Brand Studio。[1]

---

[1] 爱范儿.拯救传媒帝国:《纽约时报》的数字化革命之路[EB/OL].[2017-02-18].http://www.baidu.com/link?url=_M0w6sSl-zAIKsSZPESRbl4v192AKEdVO1zeAWBb41mpAqtYNqZ9jy510hAicuO5&wd=&eqid=c3150de60001ee23000000025ca46d9e.

链接：《纽约时报》与好莱坞明星合作 推出 360 度短片

2016 年 11 月，《纽约时报》与三星合作推出了一款名为"The Daily 360"的全景视频新闻项目。三星将为《纽约时报》在全球的记者提供 Gear 360 全景相机及其他相关设备。

该项目将每天至少上传一部全景 360 度视频到《纽约时报》网页、移动端 App 及 Gear VR 内容平台上。尽管打着 VR 的旗号，但"The Daily 360"不需要专业 VR 设备，用户在网站上就可以使用鼠标拖动、指引视频，而智能手机用户可以通过倾斜、旋转设备来改变观影视角。在项目推出不久，《纽约时报》推出了 360 度系列影片《伟大的演员》(Great Performers)。这九部黑白风格的短片使用了谷歌 Jump 相机拍摄，由著名工作室 Milk VR 制作，可以从 VR 摄像机的视角看到好莱坞最出色的演员的表演。参与这个项目的大牌演员包括娜塔丽·波特曼、萨莎·洛讷、克里斯汀·斯图尔特、鲁丝·内伽、卡西·阿弗莱克和唐·钱德尔。影片的场景设置在一个阴暗的酒吧，在这些 360 度视频中，你会与这些大牌演员来一场亲密的接触。也许你会成为克里斯汀·斯图尔特的爱人，上演一出生死别离的爱情；或是出卖唐·钱德尔的酒保，最终惨淡收场；你还能摇身一变，成为娜

> 塔丽·波特曼那富有的未婚夫,试图通过金钱来获得美人的爱怜。但你会感觉似乎有什么不对劲,迷离诱人的灯光为故事添加了悬疑色彩,黑白风格的画面让故事更扑朔迷离。
>
> ——引自《〈纽约时报〉与好莱坞明星合作推出360度短片》

《纽约时报》在科技公司的路上好像越走越远。

链接:《纽约时报》的高科技玩法

《纽约时报》成立了名为 Story [X] 的部门,专门尝试机器学习和机器翻译等新兴技术。

在2017年的美国大选中,《纽约时报》就利用人工智能技术开发了 Facebook Messenger 聊天机器人,可以使用政治记者 Nick Confessore 的声音播报每日选情。

另外,《纽约时报》多个数字项目的核心 Beta Group 也正在开发一组全新的内容产品(应用、博客、垂直频道),效仿 HBO 和 Netflix 等公司的自制剧项目,包括个性化健身建议、Real Estate 住宅列表应用,以及专门为用户推荐电影和电视内容的 Watching 垂直频道,在吸引现有订阅用户反复使用的同时网罗更多新订阅用户。

它还为Leap-Motion公司开发的电脑体感控制设备研发新闻应用软件，可以让用户通过手势和身体姿势阅读新闻，如读者可以移动双手浏览新闻，通过一个圆形的手势移动，用户可以滚动文章，摇摇手，新闻就可以回到主菜单。另外，应用中的标题、图片、新闻摘要等内容，将以卡片的方式呈现。这是Leap-Motion平台发布时唯一的新闻应用。

——内容引自《拯救传媒帝国：〈纽约时报〉的数字化革命之路》

《纽约时报》负责数字产品的Paul Smurl曾表示，《纽约时报》喜欢提早在一些先进的平台上进行产品试验。这样，《纽约时报》可以近距离接触科技发烧友群体。虽然不期望通过早期的试验赚钱，但是这些项目一定能看到将来增加读者量和商业创收的机会。

链接：《纽约时报》玩新闻众包

"众包新闻"的出现给了传统媒体一次重生的机会，所谓"众包新闻"，其本质就是UGC（用户生产内容），是由"众包"和新闻相结合而出现的新的新闻生产方式。简单而言，就是将原本由媒体内部的工作人员完成的新闻任务通过在互联网上设置发布选题，吸引普通大众参与生产制作的一种新闻生产方式。

《纽约时报》在新闻众包方面也玩得出色。其曾推出了一款"Madison"的众包项目，该项目邀请普通读者一起来帮《纽约时报》把老报纸里面的广告识别出来、分类妥帖，并录入信息至数据库。《纽约时报》曾经投入巨资将100多年来报纸中的新闻报道进行电子化，整理出200多个学科门类，并展现在网站的"时光机"（Time Machine）栏目中，供付费读者查阅。但是过刊中的广告并没有被录入，因为广告往往图文结合，而且大小不一、形状各异、没有固定格式，机器难以自动从中提取信息，更难将其进行自动归类。但在对过刊进行电子化的过程中，《纽约时报》的研发实验室发现，广告实际上也是一个数据宝库，某款当时是"爆款"、现在土得掉渣的眼镜，某台当时属于高科技、现在是老掉牙的电子设备……还有那设计风格、广告语用词、零售价格，都是可供感知的历史细节，也是具有研究价值的数据。它们同样蕴含了相当丰富的信息，且能为所环绕的新闻报道提供很有意思的时代背景作为参照。打开Madison的页面，任何人都可以立即参与这项历史资料的整理工作。从易到难有三种任务可供选择：判断某块内容是不是广告；给一则广告加上分类标签；录入一则广告的信息。这些工作完全是无偿的，所以工作本身的社会价值及其趣味性就至关重要。幸运的是，这两点得到了许多网友的认可，他们既觉得这件事有价值，又发现翻看老报纸上的广告很有意思。

2014年12月，研发实验室又推出了一款叫"蜂巢"（hive）的众包开发平台。形象地说，"蜂巢"就好像一台3D打印机，Madison是它打出来的第一件产品。有了这台打印机，其他人也可以很方便地根据自己的需求生产出其他众包项目，邀请人们参与。你可以根据自己的需要设置项目特性：是注册才能参与，还是匿名参与。它还可以详细记录每个人的参与数据，如完成了多少，合格了多少，跳过了多少。

《纽约时报》推出这款众包开发平台，无疑会进一步促进这种新型生产模式的普及。更重要的是，该报研发实验室已经将"蜂巢"的源代码上传到Github网站进行免费、开源的分享，这就使其他新闻机构和个人利用这个平台的门槛大大降低。推出这样一款"蜂巢"，既显示出《纽约时报》业界老大的气派，也是互联网开放、共享精神的体现。从这一点上说，这家160多岁的传统媒体，比很多新媒体都更有互联网思维。

——引自《〈纽约时报〉怎样玩"众包"》

2017年1月18日,《纽约时报》发布了一份长达35页的内部报告——《做与众不同的新闻》。这份报告,被视为此前广为流传的《纽约时报》"2014创新报告"的后续行动。

"2014创新报告"是《纽约时报》对自身数字化缺点的一次深刻检讨与反思。而这份新报告,则是在大卫·莱恩哈特(David Leonhardt)的领导下,7位记者努力奋斗一年的项目"2020集团"的工作成果。

"2020集团"剑指《纽约时报》的既定目标:在2020年实现数字收入翻倍增长。相较于"2014创新报告"关注于社交媒体传播新闻,以及让报社与商业相互认可,这份2017年的报告,则将焦点集中于如何改善时报每一天的新闻,以及驱动订阅量的增长。报告直言不讳地指出:"我们的工作方式必须有所改变。"

在2017年的创新报告中,《纽约时报》提出在数字化时代,报道重心不只是传统的信息与分析,更应该致力于为读者提供清晰的指导建议。《纽约时报》要在做好传统内容的同时,将资源投入到新的领域中,大力开发内容,吸引新的读者和订阅用户,甚至是新的广告商。

《纽约时报》会更重视具有视觉化能力和分析写作能力的记者,或特定领域的行业领袖。未来,《纽约时报》将从数字生态系统到纸质出版物方面进行全面创新,改良报道形式,用邮件、提醒、问答、计分、影音、VR等多种形式来提高用户黏性。

《纽约时报》在紧跟时代潮流保证不掉队的同时,一直把持投资研发的觉悟和魄力,技术要素既可以是威胁,也可以是媒体获得新生的机遇。

《纽约时报》作为老牌的国际一流媒体,不论如何改变报道形式、人员构成和工作模式,它的内容优势、全球视野和对全体新闻议题的设置能力都将不变。提供最独特且"值得"的优质新闻,是国际一流媒体立于不败之地的独家秘诀。

第二节 《华盛顿邮报》:向死而生

《华盛顿邮报》由哈钦斯创办于1877年,是美国三大报之一,也是享誉世界的国际一流媒体。

在20世纪70年代,《华盛顿邮报》因为连续报道了"五角大楼"事件与"水门事件"而获得了国际影响力。

作为美国华盛顿最大、最老的报纸,《华盛顿邮报》在数字时代也经历了从辉煌到衰落的过程,经历了一次次转型的阵痛。

而在被亚马逊收购后,《华盛顿邮报》在媒体融合实践中表现突出,转型成功,被业界奉为榜样。

现在,人们提起国际一流报纸媒体,经常会将《华盛顿邮报》与《纽约时报》相提并论。学界也经常拿《华盛顿邮报》

举例,作为传统纸媒向新媒体融合转型成功的案例。

那么,我们从《华盛顿邮报》的融合实践中,能得到什么样的启示呢?

一、普利策奖的常客

2018年1月22日,一部名为《华盛顿邮报》(*The Post*)的电影在美国上映,一时成为国际热议话题。这部电影由著名导演史蒂文·斯皮尔伯格执导,老戏骨汤姆·汉克斯、梅丽尔·斯特里普主演。影片展现了《华盛顿邮报》在20世纪70年代最辉煌时期的故事。梅丽尔·斯特里普饰演的《华盛顿邮报》的发行人凯瑟琳·格雷厄姆被誉为"美国报业第一夫人",汤姆·汉克斯饰演的总编辑本·布拉德利被誉为"最危险的总编辑"。

影片讲述了1971年,《华盛顿邮报》顶着巨大的压力刊发了得到的五角大楼绝密文件,由此让阴霾背后的真相得以重见光明。这是维护新闻自由的一段征程。而紧接着在1972年,《华盛顿邮报》的记者伍德沃德和伯恩斯坦报道了著名的"水门事件",最后导致了尼克松总统引咎辞职。从而获得了1973年的"普利策公众服务奖"。

这部电影为《华盛顿邮报》增添了一分传奇色彩,电影中宣扬的对真相的探求,对出版权的捍卫,以及服务社会、不畏强权的精神为《华盛顿邮报》的新媒体转型添加了最好的注脚。

作为一个老牌的传统媒体，《华盛顿邮报》在金融危机和新媒体勃兴的冲击下陷入颓势，纸媒发行量和数字端订阅量不断下跌，造成了巨额亏损。虽然《华盛顿邮报》曾获得过18次普利策奖并坚守新闻业准则，但仍旧改变不了被出售的命运。

2013年，《华盛顿邮报》公司将旗下包括《华盛顿邮报》在内的报纸业务以2.5亿美元出售给亚马逊掌门人贝佐斯，结束了格雷厄姆家族四代人对该报掌管的历史。与《纽约时报》的索斯伯格家族一样，格雷厄姆家族建立了家族式的公司治理结构，以使家族掌握大多数股票，但是这样的家族制管理很难进行创新。对于这次出售，业界开始并不看好，大家都认为贝佐斯是一个技术控，并不懂新闻。但是，从2013年开始，《华盛顿邮报》进行了全面的融合变革，并在融合时代取得了成功。

二、不再是纸媒

贝佐斯在收购《华盛顿邮报》后给员工写过一封信，在信中他再三保证：即便是在这个新闻行业天翻地覆的时代，《华盛顿邮报》仍将继续服务于它的读者。

《华盛顿邮报》也经历了一次次突破传统领域的重大创新和试验。

2014年，《华盛顿邮报》出品了一个新型的数字出版系统，名为Arc Publishing（Arc直译为"弧"，原本是《华盛顿邮报》网站的服务器名字）。这个数字出版系统类似于高配的网页设计网站如 Squarespace 或 WordPress.com。这个系统解决了一个媒体要创立自己的网站或者 App 所面临的复杂技术和 CMS（内容管理系统）问题，所以获得了众多纸媒的青睐。《洛杉矶时报》《加拿大环球邮报》《新西兰先驱报》及一些小报都利用 Arc 系统建设自己的网站和 App。

阿根廷新闻网站 Infobae 是除《华盛顿邮报》外入驻平台的第一个大型网站。Infobae 的创始人丹尼尔·哈达认为："软件工程师通常难以领会新闻媒体或记者的需求。任何一位在内容管理系统上花费大量时间辛苦工作的记者都明白使用像是由从未接触过记者或编辑的软件工程师开发出来的工具是什么体验，我们之所以喜欢 Arc 是因为它源自于《华盛顿邮报》，作为一个由主业为新闻业的公司开发的出版平台，Arc 很清楚该做什么。"入驻 Arc 平台后，Infobae 网站的用户增长了 110%，页面浏览量增长了 254%。

这项技术的创新，为《华盛顿邮报》带来了巨大的吸引力，它类似于在报纸网站建立了一个大后端，让众多纸媒网站都聚在旗下。在 Arc 上运营的网站按流量付费，所以这就形成了一个马太效应，人数越多，流量越大，影响力也越大。

对于技术的追求，亚马逊是毫不吝惜的，贝佐斯曾花费超过 60 亿美元在研究和开发上，是苹果的两倍。《华盛顿邮报》用亚马逊开发的一款用户自定义模板软件，页面加载时间比原先减少了 85%。Arc 系统也是因为加载速度加快而获得了更多的用户流量。

《华盛顿邮报》并未公布 Arc 的收益或目前是否盈利,但 Arc 的收入确实一直在增长。《华盛顿邮报》首席信息官沙利什·普拉卡什表示,公司将 Arc 平台的最终盈利定为 1 亿美元。

《华盛顿邮报》打开了一扇新的门,它的收入不再依赖于订阅和广告,而是依靠新的技术和软件。在新总部大楼里,工程师就坐在记者边上,编辑人员与技术人员深度融合。《华盛顿邮报》的技术人员已有 200 多人,并在纽约开设了专门的设计及开发办公室。《华盛顿邮报》的目标是打造一个集成的数字新闻团队,包括记者、编辑、销售和技术开发,共同紧密合作。❶

三、用户至上

2015 年,在被收购两年后,《华盛顿邮报》的数字新闻消费增速超 40%,移动端读者增长近 70%,访问量达 6690 万,击败《纽约时报》(6580 万),同比增长近 59%。

贝佐斯曾预言,"20 年后将没有纸媒"。确实,在他收购《华盛顿邮报》后,邮报确实开始逐渐脱离了纸媒的枷锁,真正应用互联网思维,开始深度的媒介融合。

首先,《华盛顿邮报》进行了换帅,由里根总统的幕僚

---

❶ 全媒派.亚马逊 CEO 贝佐斯如何点石成金?[EB/OL].(2015-12-02). https://news.qq.com/original/quanmeipai/beisuosi.html.

Fred Ryan 担任 CEO，开始锐意改革。此外，雇用了更多记者生产内容，而不仅仅是扩充技术和营销团队。《纽约时报》记者给出的评价是："《华盛顿邮报》之前令读者感到很无聊，但现在是一个令人惊讶的新闻组织。因为它创造出令人惊叹的数字化新闻阅读方式。"

但是同时，贝佐斯还保留了马丁·巴龙（Martin Baron）执行主编，以及沙雷斯·普拉卡什（Shailesh Prakash）首席信息官和技术副总监的位置。其中，马丁·巴龙是邮报的"重要资产"：他不仅是一个优秀的编辑，其鲜明的形象使其成为邮报品牌的一个重要组成部分。马丁·巴龙主要因为两件事情而为人所知：一是公开支持被伊朗政府以间谍罪拘禁了 18 个月的《华盛顿邮报》记者詹森·芮塞恩（Jason Rezaian）；二是支持《波士顿环球报》曝光了天主教神父虐童事件，这个事件后来被改编为电影《聚焦》，并获得了当年的奥斯卡最佳影片奖。

《华盛顿邮报》在为记者报道突发事件、追踪独家新闻等具体业务上提供了更多的保障，让他们肩负起更重大的报道责任。

其次，在发行策略上（线上发行），《华盛顿邮报》逐渐摆脱本土色彩，跟随《纽约时报》走国际路线。这也是本书要将其列入国际一流媒体的重要原因。

与《纽约时报》不同，《华盛顿邮报》的网上内容采取免费策略，并且充分拥抱各类传统媒体和社交媒体。对于传统媒体，《华盛顿邮报》将内容分发给大约 300 家地方纸媒网站，如《达拉斯晨报》《托莱多刀锋报》《檀香山星广报》等。这不仅提高了《华盛顿邮报》网站的流量，也使得《华盛顿邮报》覆盖到了一些纸质版发行不到的地区。而且《华盛顿邮报》以地方媒体为渠道，可收集更多订阅数据。❶

对于海外市场，《华盛顿邮报》扩充了伦敦地区的营销团队，以开拓欧洲近 200 万的月独立访问量市场。《华盛顿邮报》在欧洲、中东和非洲地区的数字广告收入增长 50%。《华盛顿邮报》还为全球受众推出了一份每日时事通讯 WorldViews，拥有 25 万用户。

对于社交媒体，《华盛顿邮报》与亚马逊展开合作。首先是在 kindle 上免费发布内容，后来改为为"亚马逊尊享会员"提供 6 个月的免费试用期。《华盛顿邮报》还与苹果的 News App 等聚合型新闻阅读应用做朋友，是苹果 News App 上为数不多的主要"内容供应商"之一。此外，《华盛顿邮报》的内容也发布在脸书的 Instant Articles 和谷歌的 AMP 等平台上。

但是，对于在脸书上阅读《华盛顿邮报》新闻的读者，会收到一封通过电子邮件发送的订阅信，内容包括头条、政治、科技和娱乐新闻等。当然，电子邮件新闻信很难称为创新。但是《华盛顿邮报》使用了非常全面和复杂的算法，从而使自己的推荐能够最大程度的符合读者兴趣。

根据 2016 年 6 月尼曼实验室的数据，《华盛顿邮报》700

---

❶ 全媒派. 亚马逊 CEO 贝佐斯如何点石成金？[EB/OL].[2015-12-02]. https://news.qq.com/original/quanmeipai/beisuosi.html.

余名员工的日报道量是500篇，而《纽约时报》1300余名员工的日报道量仅为230篇。❶

然而，《华盛顿邮报》的推送速度是有着优先级的，点击突发新闻信阅读的读者会在下一次推送时优先收到新闻信；而点击免费阅读文章的读者，《华盛顿邮报》则会要求他输入邮箱地址并免费订阅它的新闻信。

《华盛顿邮报》这种用人工智能算法为不同的用户做不同的推荐。为了让国际读者更方便地阅读文章，《华盛顿邮报》还提供多语报道，有英语、西班牙语、葡萄牙语、法语、意大利语和中文等，读者可以在各个语种间自由切换。2014年12月，一篇关于奥巴马与古巴政府关系的报道首次使用了英语和西班牙语双语写作，获得了两国读者的关注。❷

2016年4月，《华盛顿邮报》的内部资料显示它已拥有1950万的国际读者，已经是真正的国际一流媒体。

> **链接：《华盛顿邮报》的"彩虹项目"**
>
> 2014年，贝佐斯将在其最新推出的平板电脑产品Kindle Fire HDX中预装免费的《华盛顿邮报》应用。这次合体在Amazon内部被称为"彩虹项目"（Project

---

❶ 徐妙，郭全中.《华盛顿邮报》转型的实践与借鉴[J].出版广角，2016（15）：18–21..

❷ 徐妙，郭全中.《华盛顿邮报》转型的实践与借鉴[J].出版广角，2016（15）：18–21.

Rainbow），标志着贝佐斯首次在亚马逊和《华盛顿邮报》之间建立联系。

这一举动不仅让《华盛顿邮报》获得了更多读者，也提升了最新版的 Kindle Fire HDX 对用户的吸引力。

"彩虹项目"改变了《华盛顿邮报》以往的呈现方式，为读者提供了类似杂志的阅读体验：一次只展示一个故事，而且有一个"缩放视图"，这样就可以像翻看杂志一样浏览。同时，这项应用也有两个"版本"，在工作日"开始"和"结束"时发布，类似于传统早报和晚报。

"彩虹项目"的网页不同于传统的新闻网站。以总统大选的报道为例，对候选人可能分别在政治、经济、教育等不同版面做不同报道，但是 rWeb 可以把它整合为一个完整的页面，方便读者一次性阅读。

"彩虹项目"还会通过判断用户是传统的《华盛顿邮报》读者还是对那种病毒式的廉价新闻感兴趣的"新用户"进行不同的设计。内部服务也通过技术使用来扩大数字受众规模。比如，Bandito（多处理式内容测试工具）使编辑可以对同一篇新闻起不同的标题、插入不同的图片、进行不同的故事加工，通过算法来推测读者对哪种方式最感兴趣；Loxodo（分析预测平台）则包含了一系列功能，如评估移动应用通知的速度、质量和数量工具等。

贝佐斯用"科技属性"重新定位了媒体机构，而这种跨行业的洞察力值得传统媒体人学习。在亚马逊，一个特定的规则是"快快变大"（get big fast）。这一点在《华盛顿邮报》也同样适用，其拥抱各类社交媒体的目标就是在不断扩大用户量。

链接：《华盛顿邮报》的聊天机器人

《华盛顿邮报》在各个平台都开发了聊天机器人，以更好地为用户服务赢得用户。如在 Facebook Messenger 上，用户可发送"Washington Post"去查看头条新闻，或询问机器人关于某一特定主题的新闻故事，还有闹钟提醒等小功能。在里约奥运会期间，机器人还可以回答赛程表、赛事结果，奖牌情况等。在 2016 年美国总统大选辩论中，《华盛顿邮报》开发的聊天机器人还可以对辩论所涉及的事实进行核查，也可以获取来自记者 Aaron Blake 关于辩论的实时分析——丰富的图表、动画 gif、表情等人性化元素，让人感觉仿佛在与一位真实的朋友聊天。在美国总统大选三周前，聊天机器人每天晚上以一个简单的问题与读者互动："今天的大选让您感觉如何？"随后的第二天早上，聊天机器人便向用户推送关于前一天大选的感觉图表和关于用户感觉的原因摘录。但是，聊天机器人技术目前还不够成熟，它需要更多的时间和努力。总之,《华盛顿邮报》不会停下实验的脚步,而且会将聊天机器人不断推向更好、更高的层面。

——摘编自《聊天机器人是新一代资讯 App?〈华盛顿邮报〉最新开发手记曝光》

贝佐斯曾说道:"过去我们从为数不多的读者中赚取每个人相对较多的钱,而现在我们需要从众多的读者中去赚每个人相对很少的钱。"他对《华盛顿邮报》的内容、形式、平台、策略等方面进行了较为彻底的转型改造,从而使《华盛顿邮报》从一家传统的地方性政治报纸逐渐转变为一家面向全球的数字科技媒体。

链接:《华盛顿邮报》用小游戏拴住用户的心

有一个很棒的故事,如何让读者快速进入阅读场景呢?《华盛顿邮报》技术团队脑洞大开,为用户开发了一些有代入感和互动感的小游戏,增强了新闻的可读性。比如,记者 Caitlin Dewey 推出了一篇关于手机应用如何反映人口特征的调查文章。在正文开始之前,他用了一个小测试,将用户带入阅读场景中。在小测试中,参与者需回答一系列简单的问题,《华盛顿邮报》试着"读心",去猜测其年龄和收入。例如,一位读者参与完测试，可能会得出这样的结论：我是"一个年薪超过52000美元的32岁以下单身男士"。这个报道吸引了上万人的参与。

从传统的填字游戏到用户真正参与的游戏式阅读，《华盛顿邮报》推出了很多游戏化产品，如辩论宾果、虚拟投票、奥斯卡投票，以及便签工具Notes（即去年夏天流行的知识地图Knowledge Map）。

The Fact Checker团队制作了一套基于人物事实创作的"童话人物"形象——想要打造一款能让读者自己分配人物形象的工具。技术团队为他们提供了一款评分工具，由之前应用于投票的工具代码给予支持，并与特写编辑部一起将其应用于别的领域，比如餐厅或者演出评级。

《华盛顿邮报》的技术团队也和图像团队密切合作（这是那个打造了便签工具从而将读者带回长文阅读的团队）。《华盛顿邮报》纽约的设计发展部也提出了研发工具的想法。便签工具Notes的最初想法是创造一个可重复使用的在复杂故事中针对特定词汇或短语的讲解片段。它在去年夏天以"科技公司的故事"和"应对ISIS的挑战的故事"完成了首秀。纽约设计部门随后与技术团队合作完成了其功能自动化，此后便签工具Notes在《华盛顿邮报》的封面故事 Zika 中正式回归。

游戏中的知识测试、限时测验或者地图测验等可以说是为用户量身定制的，用户可以借此参与这个故事并更加了解自己。这比让读者单纯阅读更加切中要害。《华盛顿邮报》技术团队的努力，势必为讲故事的记者们带来红利和成就感。

四、"后真相时代"下的坚守

严肃新闻仍然是《华盛顿邮报》的主打和命脉。虽然其进行了很多科技创新，但是在新闻报道中仍然坚守新闻的传统操守和道德。在一个新闻媒体越来越被指责提供"假新闻"的时代，没有什么东西比真相更珍贵、更重要。

2017 年年初，《华盛顿邮报》在网站报头下面加了一句标语：Democracy Dies in Darkness（民主死于黑暗中）。贝佐斯曾对这一标语给予认可："民主死于黑暗中，媒体有承担起光明的责任。"

近两年，《华盛顿邮报》连续获两届普利策调查报道奖的作品——对特朗普基金会、"通俄门"事件报道，同样是对白宫领导人的揭露，有些历史重演的意味。但无论如何，我们仍可以看到《华盛顿邮报》在调查性报道上的深耕和敢于披露的情怀。

无论《华盛顿邮报》的媒介形式发生了怎样翻天覆地的变化，它的核心竞争力始终没有改变，如坚持制作"华盛顿邮报式的政治报道"，坚持关注华盛顿地区的公共服务，提供读者俱乐部、教育基金和青年记者发展项目等。

在媒介数字化转型过程中、在美国政治与舆论的双重撕裂中，传统媒体应如何坚守新闻专业主义与情怀，《华盛顿邮报》也许给出了一个很好的答案。

链接：《华盛顿邮报》与普利策奖

2016年的普利策奖榜单中，《华盛顿邮报》依旧表现不俗。作为美国主流媒体的代表，《华盛顿邮报》凭借对亚拉巴马州参议员候选人罗伊·摩尔多年前性骚扰多名少女的调查获得了"调查报道奖"，并通过报道俄罗斯涉嫌干预2016年大选和《纽约时报》共享了"国内报道奖"。

《华盛顿邮报》对亚拉巴马州共和党参议员候选人罗伊·摩尔性骚扰未成年女性的行为进行了揭露，这一系列报道的出现正逢全球反性骚扰运动兴起之时，故而深刻地影响了公众的态度，也因此改变了参议院竞选的进程。

2017年2月，《华盛顿邮报》独家报道了俄罗斯涉嫌干预2016年美国大选的重磅新闻，全世界哗然，引发了"通俄门"风波。2017年7月，《纽约时报》曝光小特朗普等特朗普团队成员于2016年6月与一名俄罗斯政府律师秘密见面，希望获得足以把特朗普竞选对手希拉里"治罪"的"黑材料"。之后两报又持续跟进了相应的报道。

值得一提的是，《华盛顿邮报》的相关调查报道通过动态交互图表、微纪录片、一线记者的脸书直播、Podcast专题等多媒体内容产品组合、多平台呈现的方式来呈现报道，充分适应了当下新媒体环境下的用户阅读习惯和分众化的特点。

五、短视频发力

《华盛顿邮报》的视频业务一直是其融合战略的发展重点。2013年，《华盛顿邮报》上线了Post TV，但是并不成功，于是在2015年把Post TV改为Post Video，并发布了新的视频战略。Post Video改变的不仅仅是名字，从内容、形式到平台搭建都进行了创新。

第一，放弃长篇叙事，主打短视频。《华盛顿邮报》过去制作了许多长度中等的纪录片及一些引起广泛关注的视频节目，其中也不乏佳作。例如2012年，《华盛顿邮报》邀请著名小提琴家约书亚·贝尔，让他打扮成流浪汉模样，悄悄前往人流如织的华盛顿地铁站街头表演，看看在那样的环境下，人们的反应是什么。约书亚·贝尔带着价值350万美元的小提琴，在早上8时的繁忙时间，演奏了43分钟。这期间，有1097人从他身边走过，但是只有27人被吸引，只有一人认出了约书亚·贝尔。值得一提的是，他的演奏会往往一票难求。

由此可见，《华盛顿邮报》有强大的制作视频的力量和传统。在短视频开始风靡时，《华盛顿邮报》果断转型。而且，《华盛顿邮报》的短视频战略使用了最新的垂直视频播放器，方便人们把视频分享到Snapchat等短视频平台。《华盛顿邮报》的视频主管Gelman说："我们的目标就是，在对的时间，对的地方，讲对的故事。"

第二，重视受众的需求。《华盛顿邮报》将40人的视频团队"安插"到编辑室的不同版块中，从而将视频贯穿新闻制作始终，而不再像过去那样只把视频当作附加产品。《华盛顿邮报》积极与Storyful、脸书和YouTube等机构进行合作，根据不同平台特点，提供不同视频产品，以迎合各类受众的需要。目前《华盛顿邮报》制作的视频只有60%的原创内容，还有40%为整合内容，也就是说，《华盛顿邮报》不仅仅生产视频，也编辑视频，使之更多地朝着平台化发展。在合作上，《华盛顿邮报》与脸书、Snapchat等社交媒体合作，充分利用脸书的直播功能及Snapchat的Stories功能。来自多个大洲的《华盛顿邮报》记者，在Snapchat上共同讲述了一个关于公共交通的全球性故事。

第三，积极采用新技术。《华盛顿邮报》也在尝试使用VR

技术和 AR 技术来制作视频作品。2016 年 5 月,《华盛顿邮报》通过 3D 新闻尝试还原 2015 年发生在巴尔的摩的监禁和死亡事件,还推出了运用 360 度全景视频的技术拍摄的合集"Out of the blue",让读者体验加拉帕戈斯群岛的生活。

《华盛顿邮报》夹在平台巨头之中,依靠短视频策略搭载不同平台,这或许是收割流量的突围之战。对于国内媒体而言,借鉴意义在于,面对平台围剿,先想想如何"借力发力"。❶

> **链接:Polly 及 AI 新闻产品**
>
> 2017 年,《华盛顿邮报》开发了一个"听新闻"实验产品——亚马逊 Polly。听众可通过 Polly 收听商业、科技、娱乐和生活方式 4 个板块的资讯。这款智能语音产品提供 47 种真人发音,支持 24 种语言。对于亚马逊而言,联合《华盛顿邮报》,利用人工智能语音识别技术,为用户"读新闻",更像是将资讯板块纳入其 Alexa 语音助手生态圈,让语音技术无处不在。
>
> 在国内,腾讯公司 Dreamwritter 也开发了一款相似的 AI 新闻产品——"新闻超秘"App,旨在整合机器写稿、新闻推荐和语音交互等功能,为用户打造一个"化

---

❶ 全媒派.《华盛顿邮报》Video 宣布重大战略调整:放弃电视报道,转战资讯短视频 [EB/OL]. [2015-9-16].https://news.qq.com/original/quanmeipai/duanshipin.html.

繁为简"的智能新闻助手。从本质上看,"新闻超秘"就是一个能提供个性化信息定制、同时最大化节省用户阅读时间成本的新闻助手。其工作的基本原理,就是先在全网范围进行新闻内容搜索,再由腾讯写稿机器人Dreamwriter依据一定分类写成新闻简报,最后利用语音交互将信息投放给用户。

不管是媒体,还是科技公司,其核心目的,都是成为用户的个人助理,用更丰富的内容满足日渐挑剔的用户需求。

特别是像《华盛顿邮报》这样的传统媒体,可以结合AI技术完成资讯筛选、语音转化和智能推送。

这样的音频产品有点像国内的知识付费产品,在脸书和推特上鱼龙混杂的信息中,用户希望权威媒体为其挑选更高质量的内容和更真实的信息。

这也是传统媒体的复兴契机,媒体在原有的声誉基础之上,转向语音资讯,给予听众更多亲近感和更大的信任感,以此建立良性的资讯环境。

"音频"资讯不过是资讯的一种承载形式,这代表着传统阅读方式的变革。我们获取的信息,不论来自媒体精选,还是智能机器的推荐,都是在试图扮演一个更智能的资讯助手的职责,以适应这个快速变化的人工智能时代。

——内容综合于"全媒派"网站

第三节 《经济学人》：依然贵族

提到国际一流期刊，一般会提到《经济学人》《国家地理》《时代》等著名杂志。但若论读者的广泛性和在全球政治经济领域的影响力，不得不提《经济学人》杂志。这份创办于1843年的百年老刊，凭借自己客观公允、富有洞见的准确分析和国际视野在全球赢得了良好口碑，是一份享有巨大影响力的国际一流期刊。

美国彭博新闻社创始人迈克尔·布隆伯格卸任纽约市长时说，他只读两本杂志，一本是《彭博商业周刊》，另一本是《经济学人》。这一爱好是如此强烈，以至于迈克尔·布隆伯格直接将《经济学人》总编辑米克尔思韦特招至麾下，成为彭博的新主编。

早在1996年，《经济学人》杂志就开通了自己的网站economist.com。它也是最早一批尝试媒体融合、开设媒体网站的纸质媒体。网站通过"滚动分析"每日更新全球议题，对最新的重大事件做出评论，而且网站有很多印刷版本没有的内容。随着新媒体的发展，《经济学人》不断进行融合实践，创办网站、开发客户端、制作视频、经营社交媒体、创办活动品牌，等等，成为全球纸质媒体中的先锋媒体。

面对媒体数字化的浪潮，经济学人董事长、英国前央行副行长 Rupert Pennant-Rea 表示：面对媒体数字化的浪潮，《经济学人》锐意创新，也会承担风险。❶ 在《经济学人》的网站上列出了这家媒体集团的目标——"加入一场'推动进步的智慧'和'阻碍进步的胆怯无知'之间的殊死搏斗"。

通过这些实践，《经济学人》杂志在新媒体时代不仅没有受到严重冲击，反而保持了逆势成长，其影响力和收入不减反增。《经济学人》的发行量总体上呈现增长趋势，现在有 160 万订户，一年的收入大约 3 亿英镑，利润约 6000 万英镑。

《经济学人》主编米克勒斯维特曾说，该刊与别的媒体不同，有自己看世界的角度、有自己的风格、有自己的思想体系。❷《经济学人》杂志和品牌仍然是高端、公正、国际一流期刊的代名词，拥有巨大的国际影响力。这些与其正确的移动战略、坚守的编辑原则和不断创新的精神是紧密相关的。

一、做新媒体的匠心

在移动战略方面，《经济学人》布局较早，定位高端。

2010 年 10 月苹果公司的 iPad 上市不久，《经济学人》就推出了针对 iPad 的实验性电子刊物——《智慧生活》(Intelligent

---

❶ 康路．全球最赚钱媒体也卖了 原股东 50 亿接盘《经济学人》[EB/OL]．[2015-8-13]．http://finance.qq.com/original/zibenlun/economist.html.

❷ 刘滢．英国经济学人集团的品牌拓展与新媒体战略 [J]．中国记者，2013（10）：120-121.

Life)。《智慧生活》只有 App 版本，没有纸质版。随后在同年 11 月，《经济学人》杂志又推出了免费下载的针对 iPad、iPhone 端的应用软件，并在当月连续两周位列"品牌 APP 应用排行榜"的前三甲，甚至超过了 MSN、脸书等，足见杂志的影响力。

2011 年，《经济学人》集团在安卓智能手机、Barnes & Noble 的 Nook、亚马逊的 Fire 移动设备上均推出了相应的客户端，进一步拓展在移动端的布局。

链接：《经济学人》的浓缩咖啡 Espresso

2014 年 11 月 6 日，《经济学人》推出新的移动应用 Espresso（意为"浓缩咖啡"），这是该杂志 172 年历史上首个以 24 小时为周期的新闻产品，打破了《经济学人》之前的应用每周更新的传统。Espresso App 上线不久下载量超过 80 万次，并推出了纸质和电子版绑定的价格套餐。

Espresso 每个工作日早上推送，用户在每天早餐之前，可以通过这款应用或邮件服务来掌握全球政治经济生活的最新趋势。Espresso 的主体部分（第一部分）仅由 5 篇文章组成，且每篇不超过 150 个词，对读者当天必须要知道的事情进行精辟的解释。第二部分提供前夜发生的新闻集合，但方式更加简洁。第三部分提供股票市场的数据。

时任《经济学人》总编辑米克尔思韦特(John Micklethwait)说:"它实际上是一个《经济学人》日报(a daily Economist)。每日版本的意思就是为读者做过滤。我们省略的和我们呈现的同等重要。"Espresso脱颖而出是因为它简洁的形式,以及其内容可以通过应用和邮件获取。不像其他新闻应用,Espresso不会提供突发新闻,也不会链接应用之外的内容或者把用户引入一个无休止的文章分类中去。"我们努力给你一种比新闻超前的感觉,告诉你什么将会发生及应该怎样去思考。"[1]

目前,Espresso共推出了美国、欧洲和亚洲三个版本,用户可以在苹果和安卓应用市场下载,并且享受首月免费使用的优惠。随后每月的费用是3.99美元(2.49英镑)。如果用户此前是《经济学人》数字版或数字版和印刷版的打包订户,则无须另外付费。《经济学人》在伦敦的4名编辑将负责Espresso每个版本的主要工作。华盛顿和新加坡的团队也会提供支持,以便将内容分发给国际市场。

---

[1] 魏星. 欧媒转型考察记 172岁《经济学人》的变与不变 [EB/OL]. [2015-3-3].https://www.thepaper.cn/newsDetail_forward_1307280.

为了拓展华语市场，2015年4月，《经济学人》上线了《经济学人全球商业评论》App，这是一款中英文双语新闻产品，将《经济学人》周刊的商业、金融和科技版内容进行精心挑选，每月发布30篇文章，其中10篇将在每月第一天发布，此后每个工作日更新一篇。

此外，《经济学人》集团还推出了一系列单品应用，如以《经济学人》年度报告为基础，提供关于世界上190多个国家的重要数据和资讯的《数字看世界》(World in Figures)，对世界排名前100的MBA项目的特色进行比较的《哪个MBA好》(Which MBA?)，9.99美元的Traveller Briefings，一个月收费3.99美元的广播应用In Other Words。

这些移动产品大多围绕《经济学人》的核心内容布局，拓展了期刊内容。

和《纽约时报》类似，《经济学人》的网站和期刊App也经历了从免费到为内容付费的挣扎。目前，《经济学人》网站只有部分内容能免费阅读，大多数内容还是需要付费。

在鼓励读者付费方面，网站的营销策略特别值得称道。Economist.com网站对在线购买《经济学人》旗下产品的用户提供"退费承诺"。例如，客户购买了1年期的电子订阅，如果客户在订阅到期之前任何时间退订，可以获得未到期部分的全额退款。

虽然《经济学人》的订阅收费不菲，但还是获得了业界极大的好评，数字订户一直在增长。

2007年12月,时任经济学人集团总裁海伦·亚历山大(Helen Alexander)对《卫报》说:"还是回到我们如何理解世界这个基本点,这绝对是这个品牌的亮点:形成判断和拥有观点。是观点纸(viewspaper),不是新闻纸(newspaper)。"❶

链接:《经济学人》的 iPad 版本到底有什么魔力?

《经济学人》iPad版本体现了杂志一流的编辑水准和精良的交互设计。

iPad版《经济学人》与印刷版内容看起来大致一致。编辑充分照顾了读者的阅读习惯,没有像有些期刊App那样将内容重新编排。

但是,《经济学人》App的交互性非常突出,无论是图片选取、交互设计还是版式设计均达到了行业顶尖的水准。

虽然期刊需要付费阅读,但是用户可以先对每一本《经济学人》的内容进行小范围的预览。

杂志文章内容字体适中、背景颜色变化丰富,丝毫不会让读者在阅读的过程中产生视觉疲劳。

此外,内容相关配图清晰度极高,艺术感很强,且

---

❶ 魏星.欧媒转型考察记172岁《经济学人》的变与不变[EB/OL].[2015-3-3].https://www.thepaper.cn/newsDetail_forward_1307280.

每一篇报道都配有音频解说,老年读者或需要在特殊环境下阅读的读者可以直接通过"听书"的方式来获取信息。

二、玩转社交

2009年,《经济学人》宣布向网络社交媒体界进军。

至2016年3月,《经济学人》已经在各大社交媒体上拥有订阅粉丝量3560万人。其中,在推特上的粉丝数量达到1570万,脸书上有760万。在几家主流传统媒体中,其订阅数量仅次于《纽约时报》。❶

据经济学人集团媒体业务总裁保罗·罗西称,在社交媒体发展上,《经济学人》排名第四,仅次于《国家地理》《ESPN》和《时代周刊》。❷

《经济学人》有一支11人组成的、专门负责社交媒体运营的社交团队。如何占据社交媒体之地,《经济学人》的社交团队有自己的一套策略。

---

❶ 樊佳莹.《经济学人》玩转新媒体 背后有一支强大的团队[EB/OL].[2016-8-30]. http://media.sohu.com/20160830/n466784291.shtml.

❷ 高海芳.《经济学人》的多平台战略[EB/OL].[2016-5-27]. http://www.cnepaper.com/zgtssb/html/2016-05/27/content_16_3.htm.

链接：《经济学人》的社交策略

《经济学人》的文章质量虽然优良，但是一般的文章都特别严肃和冗长，不适合在社交媒体上呈现。

针对这个问题，《经济学人》的社交团队推出了一套社交媒体风格指南，用于发展适合社交媒体的文风、格式和概念。

比如，《经济学人》推出的"当日卡片""幻灯片""流言终结者"等图文相结合的内容就十分受社交媒体用户欢迎。

又比如，在报道大麻合法化的事件时，《经济学人》汇总了从1988年到2009年间与大麻法律相关的报道，把它们依照时间顺序整理进脸书的照片集中，并附上内容简介与PDF版本的报道链接，以供读者了解与事件相关的历史背景信息。

为更好地经营社交平台，《经济学人》雇用了一名数据科学家和一名编辑数据分析师。《经济学人》的市场部总监说："我们不但查看参与度、点击率，也追踪有多少人从单纯的粉丝转变为订阅用户。我们甚至会测量用户每天在社交媒体上点击和订阅的内容。"

《经济学人》社交团队的负责人Denise Law表示，"我们十分重视数据，因为它能够给予决策反馈。拿脸书来说，我们有一个双击规则。如果某种形式的报道在平台上测试了两次之后，成绩仍然不理想的话，我们就会提出新的报道形式"。

——内容摘自《经济学人玩转新媒体 背后有一支强大的团队》

除了推特和脸书，《经济学人》在社交媒体的推广上也十分注重多元化地发展用户。在亚洲，《经济学人》还与社交软件Line合作。Line在亚洲拥有2150万月活跃用户，其中大多数来自日本、泰国、韩国和印度尼西亚。《经济学人》为Line制作了专门针对亚洲人群的消息推送及图片和视频，每天在Line的主页上面发布4~6条新闻消息。2016年，《经济学人》已经在Line平台上累积了15万用户。

《经济学人》也看重LinkedIn等其他社交平台，不断与这些平台合作，开通了官方账号。❶

社交战略的成功离不开《经济学人》编辑团队在创新中的通力合作和重新整合资源。《经济学人》网站出版人本·爱德华兹（Ben Edwards）表示："我们的网络使命就是成为全球性探讨和辩论的首选网站，这是一个社会命题。"

通过与脸书合作，《经济学人》网站可以获得更多的用户注

---

❶ 高海芳.《经济学人》的多平台战略[EB/OL].[2016-5-27]. http://www.cnepaper.com/zgtssb/html/2016-05/27/content_16_3.htm.

册资料,并且为网站带来了更多发表评论的用户。《经济学人》网站非常重视客户评论,并为此创建了一个新的 Economist.com 排名系统,确保点击量最大的评论位置更加醒目。❶

《经济学人》杂志的整个编辑部都登上了社交媒体这艘大船,并且在重大事件来临时,编辑团队和社交媒体团队通力协作。例如,2016 年英国脱欧公投事件让社交媒体团队与编辑、记者、设计师、程序开发者更紧密地合作,建立了新的样式与模板。"流言终结者"和"脱欧真相"都已经成为成功的模板,得到了越来越广泛的传播。在美国大选报道中,《经济学人》使用数据来发掘更适合的平台和形式,其用豆腐块般的小模板承载关键信息,在社交平台上更能吸引大家的注意。❷

《经济学人》凭借更加权威的声音,穿过那些社交媒体上纷纷扰扰的噪声,为人们提供了可以快速获取的准确的信息。社交网站和官方网站紧密连接,促使人们通过社交网站进入《经济学人》的网站,获取更多的深度报道。❸

通过这样的团队协同合作,《经济学人》在社交媒体上的

---

❶ 蒂姆·布拉德肖.《经济学人》通过社交网络吸引读者 [EB/OL]. [2009-12-21]. http://www.ftchinese.com/story/001030408?dailypop.

❷ 薛静. 从英国脱欧到美国大选,《经济学人》在社交媒体成功的秘诀是什么 [EB/OL]. [2016-7-28]. http://mini.eastday.com/a/160728041250711.html?btype=index&subtype=guoji&idx=10&ishot=0.

❸ 薛静. 从英国脱欧到美国大选,《经济学人》在社交媒体成功的秘诀是什么 [EB/OL]. [2016-7-28]. http://mini.eastday.com/a/160728041250711.html?btype=index&subtype=guoji&idx=10&ishot=0.

创新越加成熟。《经济学人》的高质量内容主要靠一种特别的采编模式，其保持着绝大多数其他媒体难以保证的集体创作观。《经济学人》的文章都是匿名，其采编过程是一种"集体协作编采"关系，记者要参与编务，编辑也要写稿，版权一律归属《经济学人》。❶集体名声和观点高于个人名声，这是其他刊物很难做到的。而这种高质量的采编模式在社交媒体上也沿用下来。

从《经济学人》对于互联网和数字化的认识来看，它认为周刊的兴趣始终在内容，因此，《经济学人》的核心竞争力在于全球化的报道和观点的表达，而不是它所依托的媒介形式。❷

在社交媒体上，《经济学人》的编辑和记者们依然为发布的每一条消息的真实性和客观性负责。正是这种始终坚持的传统，给《经济学人》的社交媒体平台带来了巨大的流量和稳定的高品质内容。

三、立足高端

经济学人情报中心（Economist Intelligence Unit，EIU）是集团非常重要的一个组织部门。

在《经济学人》集团的收入结构中，《经济学人》杂志是

---

❶ 王积龙.跨国传媒如何开拓经营海外市场——对于英国经济学人集团的个案分析［J］现代传播，2006（1）：99-103.

❷ 朱昭昭.《经济学人》杂志个案研究［D］.上海：复旦大学，2011.

最挣钱的,其次就是经济学人情报中心的 B2B(企业到企业)服务。

经济学人情报中心通过各地区的分部进行营销,分别核算。情报中心的产品和服务可以用少数标准化的产品模板定制出各种不同的纵深化的产品和服务。❶

与一般纸媒不同,《经济学人》集团的主要收入依靠杂志的订阅收入,而且《经济学人》杂志采取了高定价的模式,不同于大部分财经类期刊低定价高广告的商业模式。其订阅收入可以占到利润70%。只有不到30%来自广告和赞助,而且订阅的收入还在不断增加。而在赞助和广告类收入中,《经济学人》集团现在更依赖赞助而不是广告。❷

链接:《经济学人》独特的定价策略

对于数字产品的定价和销售,《经济学人》有自己的一套独特法则。

《经济学人》希望用户既是印刷版订户也是数字版订户,并希望他们为两个产品付费。这在人们习惯数字产品免费的情况下几乎是不可能实现的目标,但是《经济

---

❶ 刘滢. 配合、竞合与融合——国外媒体融合的探索和尝试 [J]. 对外传播,2014(12):57-59.

❷ 魏星. 欧媒转型考察记172岁《经济学人》的变与不变 [EB/OL]. [2015-03-03]. http://www.thepaper.cn/newsDetail_forward_1307280.

学人》做到了，为什么？

《经济学人》刚开始推广数字版本时，是让订阅印刷版用户免费看数字版，这样每一个印刷版订户每年只需要花130美元。随后，《经济学人》改变了这个政策，现在是订阅印刷版需要130美元，订阅电子版也需要130美元，而只要花165美元就可以既看印刷版又看电子版。

在这样的定价策略下，一般人会认为165美元的订阅计划会更划算，事实上也的确如此。据《经济学人》数字主编汤姆·史坦迪吉介绍，现在《经济学人》杂志的续订和新订户中，有一半是既订印刷版又订电子版的，从130美元到165美元，结果是杂志的订阅价格提高了，而且订阅量也上升了。也有四分之一的用户只订阅电子版，这和他们之前订阅电子版的价格相同，但杂志节约了印刷版的纸张印刷和发行成本。

此外，还有四分之一用户只订阅印刷版。有一个有趣的现象是，订阅印刷版的大多是年轻人，因为把杂志夹在腋下让他们显得更卓尔不群，订阅电子版的大多是老年人，因为在iPad上阅读杂志可以调整字体大小，还有听书功能。

总体来说，《经济学人》现在有160万订户，有50万左右是为电子内容付费，但他们中的很多人同样为印刷版付费，得到了一个双赢的结果。

四、格调视频

对于视频产品，纸媒出身的《经济学人》杂志也有自己的野心。作为一个严肃内容生产商，《经济学人》在研发各类视频的同时，仍要保持自己的专业水平。《经济学人》目前主要投资了两种形式的视频。一种是长纪录片，另一种则是年轻观众喜闻乐见的、便于在社交媒体上分享的短视频。

《经济学人》在 2015 年 11 月发布了一个《24 岁，我已准备好死亡》的 20 分钟纪录片。这个小型纪录片讲述了主人公——来自比利时的 24 岁的 Emily 与消极情绪不断斗争，最后请求"安乐死"的过程。乍一看，这个视频的画风与《经济学人》的格调显得不搭，但是，从另一方面看，这则视频的话题、标题和内容都十分大胆且深刻，甚至会引起部分人心理上的不适，很符合《经济学人》一贯的风格。

《经济学人》不断发掘能够吸引网络用户的新产品和新形式，发现视频是一个很好的载体。《经济学人》视频部主席尼古拉斯·格林（Nicholas Minter-Green）说："尽管大家已经熟知我们擅长金融和商业类话题，但在视频形式的内容中，我们会减少这类话题的比例，多关注一些娱乐性质的视觉化内容。"总的来说，在报道旅行、社会事件、科技、文化这些非经济类的话题时，《经济学人》仍以自己"经济学人"式的独特视角切入，然后进行制作。

2016 年，《经济学人》扩充了自己的视频制作小分队，人数达到了 20 人，而且他们试图将曾经独立的视频制作流程融合进杂志的整个生产流程中。

作为严肃媒体，《经济学人》不会制作在社交网络上病毒式传播的那些阿猫阿狗或者娱乐化视频内容，但是也不会制作过于严肃的视频，毕竟网络上严肃新闻的视频很难有受众。所以，《经济学人》的视频部门生产比病毒传播视频质量更高的内容，并一直在思考如何平衡自身冷静严肃的编辑方式与社交媒体上网友娱乐化的口味。

在《经济学人》网站上，我们能看到视频内容大致分为《全球指南》《未来的工作》《破坏者》《通行证》等系列。之前提到的《24 岁，我已准备好死亡》就是"全球指南"系列，这个系列还包括对全球范围内政策议题的报道，如监禁政策、太阳能、心外科手术技术、全球反毒战等。《未来的工作》《破坏者》《通行证》则分别谈论了未来的工作形态、科技创业及旅行等话题。

《经济学人》除了将大量精力放在制作 15~20 分钟的高质量视频上外，也投资、发布了一些 2 分钟左右的短视频。为此，《经济学人》开辟了 Espresso TV 栏目，每天在 Espresso App 上更新一则短视频。《经济学人》研发了 20 种短视频的样式，包括化身讲解者、提取每日生活关键词等新奇的方式解读日常事件。❶

---

❶ 魏星.欧媒转型考察记 172 岁《经济学人》的变与不变［EB/OL］
［2015-03-03］.http://www.thepaper.cn/newsDetail_forward_1307680.

虽然这些视频内容都是免费观看的，但是《经济学人》通过广告和赞助的形式进行盈利。目前，视频内容已经吸引到了如土耳其航空、Salesforce（大型客户关系管理提供商）、维珍联合（慈善基金会）这样的大客户（广告商）。

2016年5月，《经济学人》还展示了一部名为 Mosul 的作品，这部片子通过VR技术带观众游览伊拉克北部的小城摩苏尔。另外，《经济学人》还通过VR技术展示他们日本大阪用户的状态。

尽管这些VR作品赢得了大量关注和头条报道，但它们与《经济学人》进军视频的野心并没有直接的联系，至少现在还没有。

在视频大潮涌动的今天，以严肃、深度报道闻名的《经济学人》也卷入其中，但其并没有失去理智和节操。而这种大胆、新奇，但又充满理性的视频策略，或许值得其他媒体学习。❶

本章小结

本章分析了三个传统纸媒《纽约时报》《华盛顿邮报》《经济学认》的融合实践，这些曾经辉煌一世，以严谨、公信力、优质的内容的著称的传统纸媒，在新媒体浪潮的冲击下反复试验，反复试错，在融合中摸索前行。与大部分报纸杂志相比，

---

❶ 全媒派.《经济学人》高逼格发力病毒视频［EB/OL］.［2016-7-21］. https://news.qq.com/original/quanmeipai/jingjixueren.html.

第一章　国际一流报刊媒体的融合实践

这些一流传统纸媒是幸运儿,但他们是用壮志断腕的决心,在对自身进行改造和重构。其过程和结果都是引人深思的。

除了本章上述的这些传统纸媒,大部分的纸媒都随着时代浪潮的发展而衰落了。作为国际一流媒体,其对内容的追求和对世界性议题的态度本身就成了在纷繁复杂的网络时代中最好的注脚。对这些国际一流纸媒融合实践的分析,更让人们懂得了珍惜,懂得了高贵,懂得了什么是真正的媒体融合。

链接:《卫报》创新新闻阅读格式

自 2017 年 10 月以来,《卫报》美国移动创新实验室推出了全新的移动新闻阅读格式"Smarticle"。"Smarticle"专为《卫报》的移动客户端设计,旨在为读者提供与新闻事件最密切相关的叙事元素。《卫报》美国移动创新实验室表示,之所以将其称为"Smarticle",是因为这种全新的新闻阅读格式包含了文本、嵌入式视频、图表和社交媒体上的帖子等多媒体内容,并且通过板块分割实现了"断点阅读",这样的新闻阅读格式"比传统的文本更聪明"。据《卫报》美国移动创新实验室透露,决定尝试这样的新闻阅读方式是受到了 Circa 等新媒体应用的影响。早先,Circa 曾尝试将新闻内容"原子化",即为适应移动端阅读,将整块的新闻内容分割成由便于读者消化和编辑更新的小部分组成。此外,也有媒体曾经尝试从不同角度对同一主题的新闻进行报道,为读者提供从新闻背景到实时进展的全方位信息。

这一新闻实验根植于读者的现实需求。对于既定主题的新闻事件来说,首次了解这一主题的读者和已经对这一主题有所了解的读者,希望阅读到的新闻在内容、立场、深度和广度上都是不同的。因此,"Smarticle"借助算法来对读者的阅读痕迹进行分析,为不同的读者提供同一主题下不同节点的新闻报道。对于记者和编辑来说,"Smarticle"将传统的"一次报道即终止"转变为可延续的开放性报道,记者和编辑只需要补充一些新鲜的元素即可。

调查中,平均有77%的受访者表示,在阅读新闻时,只有那些新鲜的内容才是有价值的。因此,"Smarticle"能够有效地节省读者时间。在内容的更新方式上,"Smarticle"目前按照时间顺序对内容进行排列,也就是说,最近更新的内容位于底部,而最早的信息在顶部。这一设计违反了用户的阅读习惯,受访者在调查中表示,他们更希望采用倒叙的方式对内容进行排序,这样能够最先阅读到最近更新的内容。未来,《卫报》美国移动创新实验室将继续对"Smarticle"进行优化。优化内容包括:主题下的各版块报道将按照重要性被赋予不同权重和通过对用户访问痕迹和阅读习惯的分析建立更加个性化和智能的推荐模型等。

对于《卫报》来说,"Smarticle"并不止于将新闻事件进行简单的拆分,而是通过对信息的有机整合为读者提供最高效、最全面的深度报道。两千多年前,亚里士多德提出了"整体大于部分之和"的著名命题,为古代朴素整体观提供了最有价值的遗产。两千多年后,《卫报》用"Smarticle"交出了这一理论在新闻传播领域的实践答案。

——内容摘编自《〈卫报〉全新产品实现"断点续读"从此新闻阅读不再烂尾》

第二章 国际一流广播电视媒体的融合实践

提起国际一流广播电视媒体，不得不提英国广播公司（以下简称BBC）和美国有线电视新闻网（以下简称CNN）这两家。20世纪90年代，BBC和CNN先后开通了24小时的国际新闻频道，在伊拉克战争、利比亚战争和反恐战争中成为最有影响力的全球媒体，具有全球新闻议程设置的能力。

BBC和CNN不惜重金在本土及海外建立自己的分站和信号接收点，不断加大对新媒体的投入，进行融合转型。

在20世纪末，衡量国际一流电视媒体的标准是新闻报道面能够覆盖世界主要的国家和地区，基本上做到全覆盖；新闻报道在时间上的无时区差异，基本做到全天候；在突发、重大事件报道中做到无遗漏。

而在21世纪特别是移动互联网兴起后的媒体融合时代，对于国际一流电视媒体的标准应是电视节目能够覆盖所有大型的社交媒体和新媒体平台；新闻报道能作为最重要的主流信息源在各类媒体上流动；在突发重大事件报道中能做到独一无二，有权威性和独家性。

在这点上，BBC和CNN的表现依旧出色。

尽管美国三大广播公司——全国广播公司（NBC），美国广播公司（ABC），哥伦比亚广播公司（CBS）相继开通了24小时的国际新闻频道，力争与BBC和CNN竞争国际影响力，但是十多年过去，无论是影响力还是覆盖面，BBC和CNN仍然是当之无愧的国际一流广播电视媒体。

在新媒体的冲击下，第一落点，第一时间，对于国际新闻来说已不重要。在第二落点，在多个媒体，各个媒介层面都有出色表现，才是传统广播电视媒体的优势。

从BBC、CNN的融合实践来看，在媒体融合时代，它们的影响力和国际话语权不减反增。特别是在"后真相的时代"，传统媒体的权威性再次得到认同和关注。

本章重点对BBC和CNN进行考察，探讨传统广播电视媒体是如何锐意改革、创新报道方式，如何改造自身的组织结构，如何在新媒体平台的竞争中处于不败之地。

第一节　BBC：发现未来

英国广播公司（British Broadcasting Corporation），简称BBC，是世界上历史最悠久的公共服务广播公司。经过90多年的发展，BBC已经从一个广播机构发展成为一个融广播、电视、互联网等业务于一身的超级媒体机构，也是享誉全球的国际一流媒体。

BBC成立于1922年10月18日，1926年被英国政府国有化。BBC曾这样描述自己的使命："我们的目标是成为世界上最具创造力、最值得信任的广播组织和节目制作。我们希望通过提供新闻、教育和音乐等来满足所有英国观众的需求，并以在完全依靠市场的条件下无法做到的方式来丰富英国观众的生活。"

虽然BBC是一家英国的本土媒体机构，但是BBC始终抓住机遇锐意改革，从而逐渐发展成一个国际性媒体。

在电视、手机、各种移动终端和社交媒体上，从来不缺乏BBC的身影。研究BBC的融合实践，也将从这些方面展开讨论。

一、做网站就是要做减法

1932年，BBC开始探索电视播送服务，1936年成为世界第一个开通电视服务的媒体机构。1953年,BBC现场直播了伊丽莎白二世在西敏寺的登基大典,全英国约有2000万人收看。

1991年,BBC开通了全球新闻电视频道——BBC World,进一步加强了在国际新闻报道领域的霸主地位。

20世纪90年代以来,BBC就一直在媒体融合领域开拓创新,先后建立了BBC网站、手机App和众多的媒体创新策略。除了一流的国际新闻报道之外,BBC还在书籍出版、英语教学、纪录片、音乐等领域占有重要地位。

2016年,BBC续签了新版11年的《皇家宪章》(Royal Charter),着力转型。BBC对公共广播服务要进行彻底改造,以应对付费运营商和Netflix、亚马逊等竞争对手的挑战。

英国文化媒体和体育部国务大臣John Whittingdale表示:"我们希望BBC能在这个充满技术、社会和经济变化的世界中繁荣发展。我们会确保BBC拥有一个治理和监管的框架,让其始终代表公众的利益,给为之付费的观众带来良好的价值。"

作为具有全球影响力的老牌媒体,BBC在媒介融合环境下积极变革,通过组织形式的创新和渠道的扩张,在传播内容和渠道两方面实现了跨媒体转型,逐渐在不同媒体中树立、巩固BBC的品牌。[1]

如今,BBC已经通过30种语言向世界进行传播。《BBC年

---

[1] 邱琛,邱璨.浅谈BBC应对新媒体的策略[J].西部广播电视,2016(11):18.

报 2015/2016》的数据显示，2015 年 BBC 全球访问量超过 3.2 亿人，意味着全球每 16 个成年人中就有 1 人访问 BBC 新闻服务，预估在 2022 年，BBC 的全球访问总量将会超过 5 亿。❶

链接：**BBC Online**

BBC 上网很早。1998 年，BBC Online 上线，从一个播放 BBC 广播电视节目的辅助窗口逐渐升级为一个集新闻资讯、广播电视节目的门户网站。

经过二十几年的发展，BBC Online 现在是英国访问量第一的本土网站，更是英国公众浏览互联网的导航，在世界媒体网站中有很强的影响力。

BBC Online 的发展过程，就是 BBC 不断探索媒介融合，不断进行媒体融合的过程，这个过程虽然是艰辛的，也是成功的。

最开始，BBC Online 是在不停地做加法，把它丰富的传统媒体资源与新媒体技术结合，将自己的内容尽可能多地呈现在网站上，并且将网络在线资源通过搜索技术、索引功能进行整理呈现。

最开始的 BBC 网站页面和普通门户网站页面类似。

---

❶ 50 度硅．即便没人看电视，电视媒体还是活得比新媒体好［EB/OL］．［2016-08-23］．https://tech.sina.com.cn/zl/post/detail/i/2016-08-23/pid_8508314.htm.

BBC Online 的内容不仅包括传统媒体和新闻网站所涵盖的新闻、体育、商业信息，还能够提供 BBC 电视台、广播的实时内容，24 小时更新的股市、天气信息，BBC 所独有的儿童、教育、艺术等高质量内容，甚至还有为新网民提供的网站索引、为家长提供的儿童观看内容分级指南。

2006 年，BBC 开始实施跨媒体计划"创造性的未来"。这在当时是非常超前的决策。BBC 当时决定重新改造自己的网站，并公开向全世界的网民征集网站新版的设计方案。其目的一是提升网站的导航功能；二是建立一个平台，让用户自己创作和上传博客、播客和视频及共享的内容。

这次改革中 BBC 还推出了 iPlayer 视频点播服务，首次实现了广播、电视、网站和移动终端等传输渠道的大融合，充分考虑在 web2.0 时代的媒体改革。BBC 移动版（BBC Mobile）是英国点击量最高的新闻客户端。

2010 年，BBC Online 的网站再次进行了改版，改版后的网站设计样式更加简洁，首页设计将图片作为呈现的主体，没有大量的文字堆砌，显得更加直观。社交媒体开始在新网站中扮演重要角色。BBC 新主页还提供开放的 iPlayer，允许第三方平台添加 BBC 内容等。

其实，BBC在建设网站的过程中，经历了很多混乱和迷茫。

原先，BBC没有统一的技术部门，各个频道甚至节目都自行发展自己的互联网业务，缺乏系统性、整体性规划，导致最高峰时期，BBC一共拥有148个网站、30多种播放软件，产品和页面更是不计其数。❶

这种各自为政的布局导致BBC工作效率低下，机构臃肿庞大，运作程序繁复，管理部门冗员多。

BBC前总裁马克·汤普森（2004—2012年在任）是1970年以来任职时间最长的一届BBC总裁，他上任后，对BBC进行了机构改革和裁员。

事实上，BBC网站的改版就是在不断做减法，为网站减负，并通过媒体网站的形式，进行不同部门之间的跨媒体合作。

所以，与其他传统媒体转型不同的是，BBC网站开始大力发展搜索服务，并且用人性化的"导航"理念帮助用户，细致入微地了解用户的需求。

如今，据BBC官方网站的统计，BBC提供30种语言服务，覆盖全球4.34亿台电视机，网站每月有18亿的浏览量。这对于一个发展了近百年的老牌广播机构来说，确实是一个不错的成绩。

---

❶ 苏贝妮. 提升报道质量 实现华丽转身——BBC新媒体业务探索及整体机构改革［J］. 新闻记者，2012（7）：32-36.

二、炒掉领导留记者

2015 年 7 月 6 日，BBC 大约有 1000 多名员工接到了裁员的通知，而这些人大多数是 BBC 的领导层。事实上，这已经不是 BBC 第一次大幅裁员。2005 年，BBC 裁员了 3780 人，裁掉了近 20% 的员工。

当时的 BBC 总裁托尼·霍尔写道："我们需要一个更为精简的 BBC 来帮助我们度过财政难关。……我们已经在尽量地减少 BBC 的运营成本，尽管正面临如此艰难的抉择，我们始终不忘初衷——为所有观众提供最好的节目。我的立场是：在不影响为观众服务质量的前提下，尽量实现一个高效、精简的 BBC。"

从 2005—2015 年，这十年间，BBC 经历了无数次的人员结构调整，换了多任总裁，但是，唯一不变的是 BBC 在不断地改变人员结构、在不断地改变编辑部、不断地打破常规、不断地打破隔阂、不断地融合、不断地创新。

2005 年的那次裁员之后，BBC 就提出了具有开创性的"创意未来"改革计划。当时，BBC 就判断未来媒体的发展方向一定是以内容数据库为中心，向多元媒体渠道、融合媒体终端发展，并提出了"马提尼媒体"（鸡尾酒媒体）的理念。

这一概念从本质上看是一种跨平台的传播策略，核心意思是"在一个数字世界中，BBC 要超越传统媒体的定位，让受众用最适合自己的方式来获得信息,并且要快、准、精"。

在当时,移动互联网还未普及,iPad 还没有诞生,智能手机对很多人还是个神奇的新鲜事物,这个理念被一个超级传统的媒体机构提出来是非常超前的。

任何一个老牌媒体都会存在机构臃肿,效率低下的问题,BBC 也不例外。

在 BBC 新闻团队的内部有一种互相保密、互相竞争的文化,BBC 各新闻窗口进行重复劳动的现象也很常见,如数名 BBC 记者同时去报道一个新闻发布会,造成资源的严重浪费。所以,从 2006 年开始,BBC 加大了改革的力度和魄力,建立了"统一编辑部",将新闻编辑部门从组织架构、技术基础到采编流程进行全方位的革新。❶

从 1 到 "0",精简管理部门让媒体资源更多地回归编辑室。

经历了十年改革后,BBC 仍有一万多名员工,BBC 总裁托尼·霍尔仍然不断在强调 BBC 不做 "a bigger BBC",而是要做 "a better BBC"。

综合来看,这十年间,BBC 的编辑部门和整体架构发生了

---

❶ 凡闻资讯. 探秘 BBC 全媒体平台"统一编辑部"建设.[EB/OL].[2016-9-22]. https://www.baidu.com/link?url=9si4JXSNgWUF8i2DPsbd_1qo1Ge7AFvEt990QZmErw8XveugJxB61VRppUTWReYfOAS5fEAvKG_65jBNlBRkwIz7m6n_m3wnUJBOFHb7Zve&wd=&eqid=a79b69560000fa53000000035ca4695c

比较大的变化。

BBC 的编辑部门改革是从单一新闻编辑扩展到整个业务链，组织结构改革是将全部结构重新打破然后再组合。

从 2007 年起，BBC 建立了"多媒体编辑部"（Multimedia Newsroom），将原先广播、电视、网络等部门各自相对分散、独立的新闻团队重组整合，打破了部门间的界限，改变了不同团队各自为政的局面。

2009 年，BBC 建立起一个整合数字平台，使全体采编人员均可远程访问、编辑、共享及发布内容。

2010 年，"新闻门户"（Journalism Portal）上线，为 BBC 采编人员提供了内部交流平台，从而实现了跨地域、跨组织的交流合作与信息共享，以及采编播流程一体化和"一个产品，多个出口"。

> **链接：BBC 的中央厨房**
>
> 2012 年，BBC 伦敦总部重建完成，新 BBC 广播大厦共设有 36 个电台直播间、6 个电视演播室和 60 个编辑间，最多时要容纳 6000 人同时办公。
>
> 位于底层的开放式编辑部"新闻中枢"（The News Hub）是整座楼的信息枢纽。这是一个无柱的空间，位于大楼中轴透明天井底端，共设有 460 个工位，是目前世界上规模最大的新闻编辑部。

其中心的两个"几"字形工作台被分配给资深编辑,以便于他们对全部记者进行调度,四周则呈放射状分布着不同媒介平台的工作区。

新大楼的设计理念包含几个非常重要的关键词:开放、有弹性、先进和富有创意。

这种全面开放极端到什么程度呢?BBC所有领导,包括总裁都没有自己的办公室,拎包走到哪就能坐到哪儿,每个人都是一个小桌子,一切透明、平等。

在2015年的裁员中,BBC也是只裁领导不裁记者,裁撤后,所有部门最多只能有七层层级,组织架构更加平等和扁平化。

BBC的机构改革始终借助新技术,贯穿着新理念。2008年,BBC启动DMI(Digital Media Initiative)计划,作为其面向数字时代的技术战略,旨在实现内容制播数字化,增进工作效率的同时,为新媒体发布提供接口。BBC研发部门还一直致力于将新兴技术应用于新闻报道的研究,为全媒体平台及"统一编辑部"的构建提供了持续的技术支持。

链接：BBC 的新闻实验室

2012 年，BBC 设立了"连接工作室"（Connected Studio）来负责搭建跨部门的创新网络。"连接工作室"下设"新闻实验室"（News Lab）及"测试平台"（Taster），前者为 BBC 新闻研发新技术，后者则评估这些技术的可行性。

"新闻实验室"已经完成了新一代 OpenMedia 采编系统的测试，在 2017 年投入使用，负责实时传递新闻素材、现场脚本，组织新闻报道编排。OpenMedia 更能适应"统一编辑部"的工作模式，取代已沿用了 20 多年的 ENPS 系统。它可以为记者和编辑提供随时随地的移动终端服务，为"统一编辑部"建设提供持续技术动力。

"新闻实验室"自 2013 年起开发了统称为"结构化新闻"（Structured Journalism）的系列项目，并首先建立了"榨汁机"（The Juicer）系统。该系统利用人工智能机器学习技术分析新闻素材，将其按主题归类，接管了反锁而又低级的信息整理分类筛选工作，并利用"编辑部之窗"（Window on the Newsroom）操作界面，帮助编辑从分类资料中选取内容，进行深度创作。

结构化新闻项目旨在建立智能化新闻生产平台，使得大部分日常报道可以自动生成，这些报道被称作"快餐式新闻"(Snackable News)及"弹性新闻"(Elastic News),即时简短的信息被首先传递给受众,当受众想要进一步了解时,计算机将立刻组织相关文本、图片、音视频及评论等素材,生成深度报道,呈现在终端上。

"新闻实验室"也积极投入自动多语言翻译技术的研发,努力建立起一套虚拟同声传译系统。该系统包含语音识别、语音输入、语音合成、机器翻译、说话人分割等多项前沿技术,自动识别原语种不同说话者在不同时间所说的内容,将其转化为文本,再自动翻译成目标语种,经过仔细检查前后差别后自动合成为目标语种语音。

现阶段所有自动内容依然要先经过BBC双语记者的检查及修整,但BBC已经可以做到在电视直播中将英语自动翻译成日语并通过虚拟画外音播送。在2016年年初,俄语及西班牙语服务也被投入使用。BBC还将这一技术应用在对其他媒体及社交网络上以多国语言存在的反馈信息的监控之中。

BBC经过20多年的探索,从基础上实现了自身组织及指导思想的重构,从而建构起一套包括组织架构、技术支持及实践规范在内的完整体系,整合内部资源,减少重复工作,建立多平台互动,真正实现"一个产品,多个出口"。这其实是BBC式的"中央厨房"理念,但又有着极强的BBC式的传统和

独特之处。❶

三、发动群众

BBC在强调编辑部革新的同时，也注重在用户生成内容（UGC）方面的发展，一直强调新媒体中受众的高度参与性。虽然UGC在传统媒体中的应用并不是什么新鲜事，但是像BBC这样放手发动群众，并建立了一套非常有效且有影响力的UGC体系的传统媒体还是不多见的。

> **链接：BBC的用户生成内容中心 UGC Hub**
>
> 2004年，BBC在亚洲海啸报道中使用了由游客拍摄的镜头。2005年4月，BBC用户生成内容中心（UGC Hub）上线试运行，由3人组成的小型团队负责过滤和筛选公众提供的讯息、照片和视频，并挖掘出能被新闻报道所使用的素材。BBC UGC Hub在试运行期间，摸索了一套行之有效的收集用户内容和验证的方法，比如查看图片或视频中天气情况等，以确认照片或者视频上的天气跟当天的实际情况吻合；请BBC讲当地语言的员工检查视频中的口音和语言，以确保视频报道的内容真实；使用地图验证地点信息，并结合当地已确认的图片进行对比与核实；

---

❶ 张凌霄.BBC的"统一编辑部"理念及其实践[J].新闻论坛.2016(1)：21–24.

追溯信息的最初信源以确定发布时间和地点等信息。

在 2005 年的伦敦地铁爆炸案、邦斯菲尔德油库爆炸案等突发重大新闻中，BBC UGC Hub 为 BBC 提供了大量的一手信源和珍贵的现场视频和图片，对于突发事件的新闻报道起到了非常重要的作用。

2006 年，BBC 正式上线运营该项目，且 24 小时运行，负责为 BBC 的各部门进行用户生成的信息进行采集、检查、查证和传播。

在 2007 年对缅甸事件的报道、2009 年伊朗"颜色革命"的报道中，由于记者被限制了自由报道极限，来自游客的用户内容成为报道的关键内容。2011 年以后，由于智能手机开始大规模普及，用户生成内容，特别是视频内容的质量有了大幅度提升。在挪威首都奥斯陆爆炸枪击、日本海啸、美国弗格森抗议、悉尼咖啡店劫持人质事件报道中，用户生成内容都扮演了至关重要的角色。

如今，BBC 用户生成中心每天可以接收到大约 3000 多条包括图片、评论、邮件、即时信息、微博的等用户生成内容，这个数据在恶劣天气时甚至可以达到一万条左右，用户生成内容部门已逐渐成为 BBC 开放式编辑室的核心部门。而在社交媒体崛起的当下，用户向 BBC 提交信息的方式不再仅仅局限于传统的电子邮件和

> 电话方式，为此BBC在官方网站上开辟了"Have Your Say"（听你说）的入口，该栏目和下文介绍的CNN电台"iReport"（我来报道）相似，除了传统的电话、短信、电子邮件、官方上传之外还能通过推特、WhatsApp和Telegram等聊天软件进行爆料。而这些内容又体现在BBC国际台《World Have Your Say》（世界听你说）这样的节目中。《World Have Your Say》（世界听你说）节目每次讨论的题目来自听众建议，并在BBC英语新闻网站上同步推出网上论坛，吸引网友一起参与讨论。❶
>
> ——引自《即便没人看电视，电视媒体还是活得比新媒体好》

以用户为本位，放手发动群众，是BBC融合实践的一个重要抓手。

像BBC这样的国际一流媒体，对UGC内容的选择和使用很谨慎，其运用的一套法则和规定为其他媒体提供了经验和借鉴。在社交媒体和UGC内容泛滥的今天，如何把握真相，进行事实核查，坚守一流媒体的底线，是像BBC这样专业的领先者所要思考的。

---

❶ 50度硅.即便没人看电视，电视媒体还是活得比新媒体好[EB/OL].[2016-08-23]. https://tech.sina.com.cn/zl/post/detail/i/2016-08-23/pid_8508314.htm.

四、创造性的 iPlayer

BBC 最早提出向移动转型应该是在 2006 年的"创造性的未来"计划中，当时的总裁马克·汤普森首次提出"360 度全平台"传播理念，而移动设备是全平台中的一个维度。可 BBC 自身都没有想到的是，十年之后，移动终端已经全球普及，而传统媒体对移动应用的开发和移动用户的争夺也日渐白热化。

在移动战略方面，BBC 可以说起了个大早，也赶上了早集。

2007 年 12 月 25 日，BBC iPlayer 正式上线。当时这款应用软件上线三周就获得了 350 万次在线访问或下载，大大超出了预期。iPlayer 是一个视频点播（VOD）服务，一直采取免费策略，其被誉为 BBC 最大的革命性产品。

2009 年 11 月，iPlayer 推出了一个 Wii 频道，可以流线支持 Wii 的游戏界面。2010 年 3 月，BBC 推出 iPlayer 第三代，用旗下的播放器整合社交性网络工具。在 2011 年 2 月的再次改版中，iPlayer 对其他公共广播服务机构开放，以此来促进其补足品的供应与创新，并且开始为推出付费服务做准备。[1]

但是，在 2015 年，iPlayer 因为盈利不佳关闭了英国境外业务。

---

[1] 贺涛. 移动互联网背景下中西新媒体发展现状比较——以 CCTV 和 BBC 新媒体发展战略为例 [J]. 东南传播，2012（6）：74-76.

超越边界：国际一流媒体的融合实践

2016年4月，BBC环球（BBCWW）在新加坡推出BBC Player，延续了之前iPlayer的国际化战略。特别是2016年5月在获得英国政府的支持后，BBC Player推广到更多的地区，为当地的电视服务提供商免费传输和下载节目。BBC Player包含若干BBC国际品牌，分别是BBC地球、BBC First、BBC Lifestyle、CBeebies和BBC世界新闻，以及BBC首次落户亚洲的国际新品牌BBC Brit。❶

2012年伦敦奥运会，BBC发布了安卓、iOS和黑莓平台的奥运应用BBC Olympic。该应用的主要功能是直播奥运会，提供BBC新闻评论员的评论文章，以及为每一位运动员、国家、比赛项目、时间表和奖牌图表设置专门的专题页面。有一些用户表示该应用甚至比伦敦奥运会推出的官方应用更优秀。

从2014年开始，BBC连续推出多款移动端定制产品，比如专注纪录片内容的BBC horizon（地平线系列）❷，提供交互内容的iWonder❸，专注体育内容的BBC Sports，专注儿童内容的CBEEBC，专注新闻内容的BBC News等。

---

❶ 媒介杂志.传媒巨舰BBC如何驱动"转型之轮"？[EB/OL].[2017-11-06]http://www.sohu.com/a/202748243_809031.

❷ 地平线系列是BBC播出时间最长的老牌节目，内容囊括历史、人文、宗教、地理、设计、艺术、生物、哲学、环保、伦理等多个方面，本节目通过大胆前卫的现场试验与严谨精密的科学态度，探讨最根本、最有趣、最难以回答的问题。

❸ 由原创视频和音频组成、图片、文字，可以运行在智能机、平板和电脑三端的新数字内容品牌。

第二章 国际一流广播电视媒体的融合实践

BBC的深度学习主管Saul Nassé认为，iWonder的出现"是为了保持英国人的好奇心，因为好奇心是一个具有魔力的东西，它可以使受众想要去了解，去学习（BBC的内容）。我们的iWonder平台就是为了那些仍保有好奇心的人们而建设的"。既2014年世界大战主题后，更多的iWonder主题被推出，覆盖范围包括BBC出品的自然、历史、艺术、宗教、道德等。

和其他传统媒体一样，BBC也强调"移动优先策略"，坚持"3R原则"，即锁定（Reach）、引导（Referral）、回报（Revenue）。

锁定是指BBC需要根据退路和引导潜力锁定最适合的计划，引导是指读者"接受所提供的内容"，收益是需要关注新闻机构为第三方平台贡献的价值。围绕这三大原则BBC开发了一系列的产品并运用它们在移动客户端全方位地呈现各类内容。

有评论认为，BBC从来都不在业内创新者的范畴之内，因为BBC本身并没有塑造出电视新闻，它只是从ITN电视台借鉴了这一做法。BBC的本地电台和本地新闻广播经常被盗版音乐站嘲笑，就连全天候新闻直播的模式也是BBC在天空新闻电视台开播整整八年后才开办的业务。但现在，BBC似乎希望通过更加重视移动端新闻的模式来重新塑造自己在新闻界的领导地位。❶

事实上，BBC的移动优先战略是成功的。

---

❶ 在移动端革媒体业的命？BBC正是这样打算[EB/OL].[2014-07-14].https://bp.imaschina.com/show/7/19427.html.

超越边界：国际一流媒体的融合实践

BBC新闻和时事部门负责人詹姆斯·哈丁曾说："在不到一个世纪的时间内，BBC就改变了全球及新闻播报的方式。在这一方面，BBC主要参与了此前的三次革命：第一是广播革命，第二是电视革命，第三是在线革命。现在，移动科技的快速发展已经赐予了我们开展第四次革命的难得机会。在这个智能手机时代，我们事实上已经进入了所谓的智能新闻或者移动新闻的年代。因为我们每个人都拥有一个内置有麦克风的互联网移动设备，因此现在的新闻不能仅仅是以广播或者纸媒发布的形式出现，而是理应让读者同作者一样有对新闻进行分享、调查的权利。"❶

> **链接：BBC如何玩转手机内容**
>
> 2015年，BBC全球服务（BBC World Service）与全球新闻（Global News Services）手机客户端编辑Trushar Barot在一次采访中说道："我越来越倾向于将手机客户端视作首要任务，将其他平台上的内容复制到手机上已经远远不够。手机才是首选平台。"为此，他需要整合BBC网站与BBC电视台上的各类内容为英文及其他27种语言的手机平台服务。与许多其他媒体机构对手机平台的看法截然不同，BBC的新闻编辑要优先考虑为手机

---

❶ 在移动端革媒体业的命？BBC正是这样打算[EB/OL]．[2014-07-14]．http://bp.imaschina.com/?a=show&catid=7&id=19427

平台定制内容，而不是去想这些内容在其他渠道该如何展现。

在 Trushar Barot 看来，BBC 可以利用一款视频产品、一款可视化产品和一款音频产品在移动客户端全方位地呈现各类内容。这三款产品分别是 BBC 快讯（BBC Shorts）❶、BBC 数据先行（BBC Go Figure）❷、BBC 一分钟新闻（BBC Minute）❸。

——引自《看 BBC 如何玩转手机客户端吸引国际读者》❹

五、潮并燃

社交网络正在改变着生产新闻和消费新闻的传统模式。BBC 很早就开始关注社交媒体的影响，并积极利用社交媒体涨粉和吸引用户。除了在推特、脸书这些比较大的平台上开设公共账户外，BBC 还与 Instagram、YouTube、Reddit、

---

❶ 一个 15 秒的微视频新闻，其雏形是 Instagram 上的 #Instafax。

❷ 每日在推特或脸书等社交媒体上分享可视化的数据报道与字幕，为后续深度报道预热。

❸ 每半小时以简明生动的"Newsbeat"风格面向全球观众做 60 秒新闻快报。

❹ Damian Radcliffe. 看 BBC 如何玩转手机客户端吸引国际读者［EB/OL］.［2015-07-10］. https://www.jiemian.com/article/323610.html

Line 等一些平台合作内容,并鼓励自己的员工在社交媒体上开设账号。

此外,BBC 还充分利用 WhatsApp❶、Mxit❷、BBM❸等聊天软件报道大选,利用 Viber❹搜寻幸存者等。

BBC 甚至曾经还想打造自家社交平台,但是未能成功。

一般的传统媒体在利用社交媒体时普遍存在一种心态,那就是:"你们只是一个平台,一个渠道,我有权威的独家的内容,你们赶快给我们开个账户。"

但是 BBC 不同,虽然在早期也是摸着石头过河,但是渐渐地,BBC 逐渐理解第三方平台贡献的价值,并很快付诸实践。

链接:BBC 与推特的互动

在推特上,在人口只有 6200 多万的英国,仅 BBC News 和 BBC World News 两个账号就拥有近 500 万粉丝。2013 年 4 月 19 日,BBC 美洲发布消息称,将首次在推特平台上推出"与电视同步的品牌视频",以此相

---

❶ 一款智能手机的通讯的应用程序,后被脸书收购。
❷ 一款聊天通讯类软件,数百万用户。
❸ 一款即时消息应用程序,仅供 BlackBerry&reg 智能手机用户使用。
❹ 一种智能手机用的跨平台网络电话及即时通讯软件。

互推动两家公司的流量。

在这两个大的社交媒体渠道中，BBC在不断积累经验。例如，在2012年伦敦奥运会中，BBC在推特上开设了好几个专属账号，"# bbc2012"这个主账号是BBC与受众进行互动的唯一接口，是所有新闻发布的官方账号；"# bbcthree2012"是BBC3频道的独有账号，专门用于希望观众参与节目的场合；"# bbcmoment"则专门用于直播精彩时刻。❶

而在直播中，BBC还制定了一系列增强观众的社交媒体体验和参与意识的准则。例如：（1）社交媒体的引入和体现永远不应该打扰正常的比赛转播，应尽量避免跳出叙事的节奏而插入社交媒体；（2）在节目中引入社交媒体时，应该对编辑播出的内容有所补充，带来更多元的信息，而并非仅仅是追求形式上的新鲜感；（3）一旦决定在节目中使用社交媒体，则应使用最具号召力的方式尽量邀请观众参与互动，比如在节目中直接呼吁观众参与互动，甚至让主持人在社交媒体上直接与用户进行互动。

---

❶ 王珏.电视新闻媒体的社交之道——来自BBC的经验[J].电视研究，2013（11）：78-80.

链接：BBC 在脸书上做直播

2016年，BBC 等媒体入驻脸书直播平台。通过脸书直播的欧盟与土耳其一次峰会活动有122000人在线观看，共收到1400条评论。直播中，BBC 记者 Chris Morris 一边行走在峰会现场，一边介绍相关的会场信息，其中还穿插了他对峰会成员的采访，这种"自拍"的非正式直播为观众带来了全新的新闻体验，即视性与现场感满满。通过脸书社交平台，Chris Morris 对评论区的问题做出实时解答，与观众实现了良好的互动。

此外，BBC 还尝试在 Facebook Live 上直播不同种类的内容。BBC 这一项目的带头人罗斯·阿特金斯（Ros Atkins）是 BBC Outside Source 的主持人。他在 Facebook Live 上直播了俄罗斯战斗机在土耳其被击落、德国的地方性选举、欧洲杯、英国脱欧等重大事件。

BBC 的 Facebook Live 内容与电视直播完全不同，它是要让观众成为主导。在报道英国脱欧的直播中，BBC 会在每个政党的"Battle Bus"里进行直播。主持人还改变典型新闻采访形式，更多地使用脸书观众的问题，向接受采访的名人提问。阿特金斯说："当你进入 Facebook Live 时，你无法建立一个详细的编辑计划。如果你这样做，你将会失去你的观众。"

第二章 国际一流广播电视媒体的融合实践

BBC 的新闻脸书网页面有 3000 万个粉丝，在直播时，来自用户的评论成千上万，如何管理、筛选、应对这些评论对 BBC 直播团队来说是一个不小的挑战，而且如何有效地与观众互动也需要不断摸索。

2014 年，BBC 与著名的图片分享应用 Instagram 合作，推出了一项名为"Instafax"的功能，BBC 将一段 15 秒的新闻短视频在 Instagram 上进行分享。BBC 的短视频新闻主要采用动态图像 + 文字的方式，非常醒目。对于想要深入了解新闻内容的用户，BBC 鼓励其前往 BBC 官网查看完整内容。但是，Instagram 平台不支持应用内跳转到该网页，所以在整个体验上还有欠缺。后来，这款功能发展成 BBC 自身的一个移动产品——"BBC Shorts"。

除了 Instagram，BBC 还在 Snap chat（一款"阅后即焚"的社交软件）上开发内容。BBC 记者 John Sweeney 用 Snap chat 让读者仿佛身处欧洲难民危机之中，Ayman Oghanna 在伊拉克的摩苏尔拍照，记录下那里发生的武装行动全过程。❶

---

❶ 于冉帝.BBC 们都放低姿态用社交媒体撩粉了，你还等什么？[EB/OL].[2016-11-28]. http://news.163.com/college/16/1128/13/C6VBUR5B000181KO.html.

链接：BBC用聊天应用做新闻

2011年伦敦骚乱期间，BBC的记者发现年轻人主要通过BBM（Black Berry Messenger，"黑莓"手机上的一个即时通信软件）来分享图片和视频，而不是推特或者脸书。于是，BBC的社交媒体编辑开始关注聊天软件的应用。2013年，当台风"海燕"登陆菲律宾时，BBC全球新闻频道开始尝试在Whats App上创建服务账号，因为当地有许多人在利用该聊天软件，通过这个账号可以向更多受众传递信息，有记者称为"社交媒体的第二次革命"。[1]此后，BBC还开通了Mxit、Line、微信等聊天软件的公共账号。BBC在Line上的公众号于2014年9月上线，很快就拥有100万订阅者，让BBC拥有了更多年轻的亚洲观众，而这在以前是很难获得的。

BBC在发展移动战略时，也深刻意识到让人们在手机上下载安装新闻客户端是很难的，所以BBC的策略是越来越偏向在Whats App、微信或Line这样的即时通信应用上直接发布内容。

BBC还注意到了基于地理位置开发的应用的崛起，比如Yik Yak和Fire Chat。国别化的聊天应用也值得关

---

[1] 张建中.迈向移动时代：BBC的社交媒体创新战略[J].中国电视，2016（2）：105–109.

> 注，比如印度的 Hike。
>
> 与之相应，BBC 全球服务将更加精细、更能适应当地情况。最重要的是，这一切的实现都有赖于以下这一事实：新的网络用户，特别是那些来自新兴市场的用户群体，将在手机上获取这些服务。对 BBC 来说，这意味着要不停尝试、不停发现哪一种最新的手机客户端形式能帮助 BBC 更好地与读者产生互动。❶

虽然 BBC 鼓励员工使用社交媒体，但是对于在新闻部门工作的员工，BBC 制定了非常清晰明确的社交媒体使用指南。

其中很重要的一项内容是：员工的个人社交媒体账号不得以任何形式包含 BBC 字样，也不能够以 BBC 的名义发布个人观点。❷

2012 年，有数名 BBC 的员工因为在推特上发表对 BBC 的不恰当言论而被迫离职。

BBC 专门负责运营社交媒体的团队会帮助制片人熟悉、运用社交媒体，利用不同类型的受众使用社交媒体的习惯制作节

---

❶ Damian Radcliffe. 看 BBC 如何玩转手机客户端吸引国际读者 [EB/OL]. [2015-07-10]. https://www.jiemian.com/article/323610.html.

❷ 李文. 社交媒体与 BBC 新闻原则和实践 [J]. 全球传媒学刊，2017，9（9）.

目。同时，通过分析不同的社交平台活动所需要的资源，如在某一社交平台上进行互动时的语调、观点等，为创作团队进行节目调整和改版提供观众反馈和有价值的信息。

BBC的社交媒体团队还会将BBC的新节目、新策划推荐给新用户，进而巩固他们对BBC的品牌忠诚度。观众也可以在社交媒体上获得节目中难得一见或难以呈现的幕后内容、制作花絮等，从而增强观众对节目的了解和关注。❶

近年来，BBC在数据新闻方面表现不俗，BBC也利用无人机和VR技术做新闻报道，这些融合实践对于有着近百年历史的BBC来说，除了能对BBC的品牌产生良好效应之外，更多的是为传统广播电视媒体的转型提供了一些思考和试验。

链接：BBC式的数据新闻

不同于《纽约时报》《卫报》《经济学人》等纸质媒体，BBC是主打广播和电视业务的媒体机构，在数据新闻实践上也同它们有着较为明显的区别，有着个性化、释义性、实用性的特点。

从新闻价值和影响力上来讲，BBC的数据新闻水平不亚于任何一个全球领先的权威媒体，BBC数据新闻团队创造了一个又一个"BBC式数据新闻"佳作。

---

❶ 王珏. 电视新闻媒体的社交之道——来自BBC的经验[J]. 电视研究，2013（11）：78-80.

2015年6月，BBC凭借一则医保大数据新闻成功摘得"The Drum's Online Media Awards"的"最佳公民新闻奖"。BBC为了探究NHS（英国国家医疗服务体系）在流感容易爆发的冬季的运作状况，开启了一个名为"NHS之冬"的项目并以数据新闻的方式向公众展示NHS在寒冬考验下的表现。

借助英国课堂计算器围绕英国课堂体系进行大规模的全国性调查，让用户找到自己的学习课堂属于哪种类型。

《你最适合哪种运动？》可以让用户很轻松地找出自己适合的运动，从而获得了2015年由全球编辑网络颁发的数据新闻奖（DJA）。

随着近年的发展，数据驱动调查、交互式图表新闻渐渐成为BBC数据新闻制作常见的类型。这些数据新闻几乎符合吸引移动端受众的所有标准，并且内容十分详尽和实用，每个参与互动的用户都可以在其中找到与自己相关的内容。

链接：BBC的VR实验

BBC的VR实验避开新闻这一热点领域，将其应用到纪录片、电影、真人秀等"轻娱乐型"节目中。这种

> 翻转的逆向跨界思维的确为 BBC 吸引了更多受众，尤其是青年群体的追捧和喜爱。
>
> 2015 年，BBC 公司便与 REWIND 工作室合作，制作了一档以 360 度全景 VR 技术拍摄为噱头的真人秀节目 Strictly Come Dancing，并在当时大受观众欢迎。而该公司推出的第一款手机应用程序名为 War of Words，能够将 Siegfried Sassoon 的诗歌进行 VR 可视化。
>
> 2016 年，为纪念 1916 年爱尔兰复活节起义 100 周年，BBC iWonder 团队推出了一部实验性的虚拟现实纪录片"复活节起义：反抗者的声音"。这部 VR 电影用 VR 打破时间和空间的限制，把受众带回 100 年前的都柏林时期的起义现场，使受众直观地目睹"一战"中那次爱尔兰人民反抗英国统治的过程。这部 VR 电影可以在智能手机、平板电脑和 PC 三端上完美运行。

目前，BBC 世界新闻电视频道已覆盖了全球 200 多个国家和地区，4.33 亿个家庭，300 万间酒店房间，178 艘游轮，53 家航空公司（其中 13 家提供飞行中的电视新闻直播）；而 BBC 网站则每月向全球超过 9500 万台浏览器提供实时国际新闻和评论。

作为国际新闻的领头羊，BBC 的专业技能、权威性及可信赖度让其在新闻报道领域有更多的榜样作用。

第二节　CNN：与世界重新连接

美国有线电视新闻网 CNN（Cable News Network）由特德·特纳于 1980 年 6 月创办。和 BBC 不同，CNN 一开始就定位于一家国际媒体。在 20 世纪电视媒体如日中天时，CNN 凭借其快速、及时地对重大新闻和突发新闻的现场报道，迅速成为国际一流电视媒体。

20 世纪 90 年代以来，CNN 开始进行媒体融合转型。因为 CNN 是完全的市场化媒体，所以在融合转型时更为积极，也更为激进：如从彻底数字化，到做强做大网站；从积极采纳新技术，到开拓网络电视、手机电视、移动电视等新电视形态。

无论是开拓了哪种新媒体形态，无论是哪种标有 CNN 标识的节目产品，CNN 都始终坚持高质量的新闻报道，不断利用新媒体技术的发展，积极融入这场变革之中，成为媒体融合发展的先锋。

CNN 作为国际一流电视媒体的代表，其发展走向在很大程度上牵动了其他国家的电视媒体的发展，也是他国电视媒体融合发展的典范。

一、最成功的传统媒体公司

早在1992年2月,CNN就率先建立了专门通过移动设备向世界各地提供新闻和信息服务的CNN Mobile(CNN移动)。1993年,CNN注册了域名CNN.com,1995年8月创立了CNN.com网站,成为美国第一个上网的电视媒体。

2002年,CNN在24个国家提供CNN Mobile服务的客户已超过了9000万人。

2010年7月,当iPhone这样的智能手机刚刚问世,CNN就推出了针对iPhone的新闻客户端,紧接着又推出了iPad版本。

2013年,Jeff Zucker担任CNN全球总裁,开始全面实施"移动先行,数字第一"的新媒体发展战略。对于这个战略,CNN确实做到了,而且做得很极致。

CNN的移动端新闻都会考虑移动、用户、社交等因素。例如,CNN Money Stream是一款专属财经资讯服务,用户可以对自己感兴趣的公司、财经主题甚至用户喜欢的某个商业人物进行重点"跟踪",实时获得相关资讯。CNN Money Stream能够根据用户选择的公司、商业领袖或是经济和市场类型来显示相关的文章、社交媒体内容、视频及图表。CNN Politics则可以通过令人信服的数据、图表和报道来讲述政治和特朗普政府的故事,它会用一种吸引人和易于理解的格式解释特朗普政府的数据——那些正在发生的事情和人们的反应。

第二章　国际一流广播电视媒体的融合实践

2016年4月，CNN新媒体在美国市场单月表现稳居6个第一：多平台独立访问量第一，达9300万；多平台总浏览量第一，达16亿；各平台访问时长总量第一，为31亿分钟；视频播放次数第一，达2.36亿；视频播放时间第一，达17亿分钟；社交媒体总量第一。❶

这超过了雅虎新闻（9300万），《纽约时报》（8500万），《赫芬顿邮报》（8000万）和BuzzFeed（7700万），这些数据不包括直接发布在YouTube、脸书、Snapchat等社交网络上的内容。

而根据Alex美国网站流量排名，美国有线电视新闻网网占据第16位（居全球第46位），日均IP访问量超过1000万，远高于美国四大广播公司，位列全美新闻网站之首。❷

2016年，CNN排名前三的数字新闻分别是《脉冲夜总会枪击案》（3700万页面浏览量），《选举夜现场直播》（3200万）和《布鲁塞尔的恐怖袭击》（200万）。

总体来说，2016年CNN的数字利润已经接近了1.5亿美元。

CNN目前有60%的流量来自移动端，主要由CNN政治、CNN金融和CNN技术等垂直领域来构建基本框架。

CNN全球总裁Jeff Zucker说："实际上我认为，除了硅谷外，CNN毫无疑问是在数字方面最成功的传统媒体公司。"

---

❶ 杜毓斌.CNN一年后就没电视记者岗了！央视员工的深度调研［EB/OL］.［2016-11-16］.http://www.sohu.com/a/119265924_242827.

❷ 高山冰.CNN新媒体品牌塑造分析［J］电视研究，2011（9）.

链接：CNN 的网站特色

目前，CNN 主网站下有包括 Regions、U.S.Politics、Money、Entertainment 等在内的 11 个分网站，此外还有 Leadership、Pressroom 等 7 个功能设置。

主网站上的页面简洁且富有特色，例如有 TOP Stories（要闻）和 Around the world（环球视野）这类时政性强的板块和 CNN 一些自有品牌的节目介绍，也有 Sport、Travel 这类主打软新闻和趣味性题材的板块。而 CNN Video 为 CNN 网站的视频新闻频道，并不是单纯地将 CNN 的电视节目一成不变地照搬到网上，而是充分发挥网络的互动特性，将互动性融入其节目制作、编排和播出的方方面面。所有这些，都很好地将 CNN 本身所具有的内容、制作优势与网络的互动性有机地融合起来。

CNN 网站在之前也尝试过发展多种内容，创造了许多项目，如论坛、时尚、图书、食品销售等，试图向综合网站方向发展，但是渐渐发现这样行不通，并得出结论：CNN 的核心就是优质的新闻报道。之后 CNN 又开始做"减法"，集中精力突出新闻报道。

如果你访问 CNN 网站，会发现有不少视频内容电视上没有播出过，而是记者专门为视频网站生产的。CNN 数字视频团队在生产视频的时候，事先考虑了移动和社交的需求,如字幕会短,且字体大,为的就是方便手机收看。时长一般控制在2分半以内,便于用户在社交媒体分享。数字视频部门还拍摄独立纪录片,2014年启动了18个独立纪录片项目,其中有17个获得广告赞助。2015年,CNN又启动了24个同类项目。

CNN努力在品牌传播上保持一贯的形象,即"采取不偏不倚的中间立场"来报道新闻。在新闻报道的编写上,CNN.com不断创新形式,并不拘泥于常规专题、滚动新闻结合的报道方式。在重大专题报道上,其内容每两小时左右更新一次。每一篇报道都有独立的主题,并按照倒金字塔结构排列新近发生的新闻事实。

——引自《美国有线电视新闻网(CNN)的新媒体转型之路》

二、向全媒体机构转型

加强新闻信息建设就是强化媒体人员开发、采集新闻的能力和对新闻信息的整合能力,有效地转变新闻编辑部的角色,能激活新的新闻价值,促进跨媒介下的新闻改革。CNN便是在这一融合背景下的改革先行者。

从1999年开始,CNN的整体架构就一直朝着全媒体机构的方向转型。先是在内部建立起了一个能够统管所有素材的总任务台(Media Operation),专门负责处理每天从世界各地传送过来的新闻素材，供各个频道和网站及其他新媒体编辑使用。后又将网络部门与新闻内容生产部门打通重组，让电视记者和网络记者变为全媒体记者，既能为网站写稿，又能够出镜做节目。

2016年，CNN投入2200万美元发展新媒体，并重新对内开放招聘，从机构设置到人员配置上重新洗牌调整，更加深度融合。在新闻策划、记者派遣、新闻制作、广告经营、技术支持等各方面都将新媒体列入首要考虑范围。

> **链接：CNN的全媒体部门规划**
>
> CNN全媒体主要划分为三个部门：数字新闻采集节目部，数字新闻编辑部，数字产品部。
>
> 数字新闻采集节目部包括策划组、跨平台协调组、新闻推送组、社交组、新闻邮件组、热门趋势组、搜索引擎优化组、数据分析组。
>
> 数字新闻编辑部按照职能和体裁横向纵向分为视觉制作组、图片新闻组、评论组、互动新闻制作组、数字可视化组、视频组、长期项目组及CNN政治新闻、CNN财经、CNN国内新闻、CNN国际新闻、CNN科技、CNN健康等组。
>
> 数字产品部则负责包含移动端、网页及移动优化、通信、可穿戴设备、直播流、音频互动、OTT TV，最新

科技等多种产品和技术的开发。

　　数字新闻采集节目部的策划内容必须针对数字新闻制作的特点进行策划；跨平台协作组与CNN的大新闻中心DDSK紧密合作，负责策划具有网络特点的自制原创内容，跟进相应选题进度；新闻推送组负责各平台突发新闻推送；社交组是比较大的一个组，负责在社交媒体推广播电视视内容、发掘新闻（iReport团队被重新调整到此）、发布内容；新闻邮件组是通过制作新闻邮件推送相应内容；热门趋势组负责在各社交平台和搜索网站跟踪热门话题，为新闻制作提供线索和话题；搜索引擎优化组负责利用搜索引擎的搜索规则来提高内容在有关搜索引擎内的自然排名；数据分析组为各平台提供数据分析及表现汇报。

　　数字新闻编辑部和传统电视的编辑部职能划分比较类似，但更具有数字新闻特点，如互动新闻组、数据可视化组和新媒体视频组等都必须针对新媒体特点进行优化和重新编辑；针对新媒体视频播放小屏及大部分视频无声模式的特点，重新加工为带大字幕的短视频。此外，CNN数字新闻编辑部还经常制作可以重复使用的某话题背景片，此类背景片通常采用很多动画及背景音乐，制作风格轻松活泼，兼具知识性和趣味性。

　　数字产品部主要包括各类移动产品的产品经理、网

> 站及移动端设计师、开发者及其他技术维护的工程师。值得注意的是，产品部门的工作人员对于内容也必须有深刻的理解和把握，才能更好地服务于产品设计。现在CNN的新媒体产品已经包括网页、移动网页、客户端、直播流服务、OTT TV、可穿戴设备等，并紧跟最新的科技发展建立了虚拟现实（VR）、增强现实（AR）、人工智能等研究。
>
> ——引自《美国有线电视新闻网（CNN）的新媒体转型之路》

三、公民新闻

CNN 的 iReport 一直被誉为公民新闻的典范。

2005年，美国的卡特里娜飓风让美国的多个州陷入巨大灾难。CNN 在网站上开辟了一个叫"公民记者"（Citizen Journalist）的栏目，鼓励公众将自己所经历的飓风故事上传到 CNN 网站，并事先说明公众所上传的多媒体素材将可能被用于 CNN 的常规新闻报道中。

这一尝试非常成功，CNN 随后就推出了专门的 UGC 内容项目——iReport。

iReport 的成就包括：

2007年4月，弗吉尼亚理工大学校园枪击案，一名该校学生将他用手机拍的校园枪击案的视频上传到了iReport，成为当年点击量最高的视频。

在日本"3·11"大地震中，有大量珍贵的新闻镜头来自iReport用户的上传。

CNN国际频道专门开设了一档名为"iReport for CNN"的月播栏目，每期节目时长30分钟，专门播放本月通过CNN iReport发布的高质量公民新闻作品。

CNN还将iReport发展成了一个相对独立的网站ireport.cnn.com。

此外，CNN与微软合作推出了一项图片合成服务。网民从现场传回的图片，可以在CNN网站上合成立体图，这使得CNN同期产生的页面访问量超过1.36亿次。

然而，iReport为CNN带来了声誉和成就的同时，也带了一些问题。

UGC内容确实是一把双刃剑。

2008年，一位名为"Johntw"的iReport报道者在iReport上发布了一则题为《史蒂芬·乔布斯因严重心脏病紧急送入医院急救》的新闻，导致苹果公司股价暴跌。虽然后来被证实是一则虚假新闻，但此事对CNN的品牌形象和公信力造成了很大影响。

在那之后，虽然用户可以以文本、图片、视频、音频等形式上传、分享自己的见闻和意见，但是CNN会有专门的编辑团队进行核实。

目前，事实核查已经成为传统的一流媒体非常重要的业务板块。加强把关责任和意识培养，树立客观、公正的新媒体形象，对于一个老牌的国际一流媒体来说至关重要。

因为人们对 CNN 的品牌理解和对谷歌是不同的，但是新媒体也有其自身的发展特征即"自由和共享"，CNN 一方面希望新媒体能开放式发展，另一方面又希望保持真实性和权威性。而这个矛盾不仅仅是 CNN 面临的问题，也是很多其他传统媒体网站需要面对的难题。❶

虽然公民新闻发展迅速，但是 CNN 的新媒体平台却很难像社交媒体那样黏住用户。

CNN 的粉丝数量众多，但是忠诚度却很低。

遇突发重大事件时，受众流量会在短期内飙至高点，新闻热度一过又迅速回落，很难维系。而公司内，新闻、社交部门各自为政，不同渠道的用户粉丝无法形成协同效应。

所以，2016 年，CNN 成立了受众发展团队（Audience Development Team）。

这个团队包含数据科学家和分析专家，希望更深入地研究用户的新闻习惯，更好地实现各种内容变现。CNN 会通过邮件简报、播客等产品，加强和受众的直接联系。

其实，《华盛顿邮报》和《纽约时报》分别在 2010 年和 2014 年就组建了专门研究读者群体和阅读偏好的"受众发展团

---

❶ 刘笑盈，张聪. CNN 的新媒体战略［J］. 电视研究，2011（8）：75–78.

队",CNN 的这一举措并不超前。

所以,CNN 是要从过度倚重受众数量规模,向更加重视受众参与度、日活跃用户和视频观看时长转变。

为了让 iPad 用户更好地登陆 CNN 的网站,CNN 还对 iPad 客户端进行了优化设计,当用户使用 iPad 进入 CNN 网站时,会收到特别为 iPad 定制的广告。

受众发展团队给 CNN 带来的改变也是显著的,对新闻简报的用户行为分析,大大提升了 CNN 网站的点击率。CNN 网站首页也根据用户喜好数据,对内容编排做出相应调整,进一步增加读者的参与度。❶

四、好故事

直播是 CNN 的看家本领,CNN 与社交媒体和视频网站的直播合作不仅时间早、程度深,而且已经是常态化和制度了。

早在 2007 年,CNN 就与视频网站 YouTube 对美国总统大选候选人辩论实况进行全球直播。

2009 年 1 月,CNN 又与当红的社交网站脸书合作报道奥巴马就职。当时,CNN 流媒体播放次数达到了 2130 万次。在奥巴马就职典礼的高潮阶段,每分钟就有超过 4000 人留言。

---

❶ 全媒派.CNN15 人团队的"数据+变现"之路[EB/OL].[2017-04-28].http://m.sohu.com/a/142179959_613537

脸书创始人扎克伯格的姐姐兰迪，也是这次直播活动的负责人，后来回忆这次直播活动时谈道："这是 CNN 的胜利，也是脸书的胜利，这开启了一个新时代。"

2010 年，CNN 通过 CNN.com、CNNMoney.com 与脸书开启了全面合作。脸书的用户对可以利用一个插件对 CNN 的文章、视频、博客与报告进行分享和评论。

对于纪录片，CNN 也很擅长。

2013 年 10 月，CNN 的纪录片《黑鲸》（*Blackfish*）在推特引起了不小的关注，成为非体育类话题榜的第二名。标签"#Blackfish"的推特信息超过 6 万条，700 万人查看相关话题，CNN 为此设立了专门的实时讨论的网页。推特还为此引发的话题制作了回顾专题和统计，称其为"#Blackfish"现象。

2016 年，CNN 创立 Great Big Story（后称"GBS"或"好故事"）工作室，力图为用户提供不一样的视频内容，获得了很大的关注。

链接：CNN 的"好故事"

"满足你的好奇心：探索海洋深处的奥秘，深入了解我们生存的宇宙，认识那些让我们星球如此神奇的人和生物。我们是不一样的视频网站，我们迫不及待地想要认识你。欢迎来到 Great big story。"这是 CNN 的"好故事工作室"GBS在其YouTube频道上写的宣传语。

GBS的工作的日常安排是这样的：早晨，全体职员参加由执行导演Courtney Coupe跟用户情报部门主管Khalil Jetha主持的编辑会议。每天的选题被抛到一个名为Trello的手机应用中，Coupe、Jetha、内容及程序主管Matt Drake和其他两位高级导演每天都会在选题会上讨论这些选题。

GBS每天大约生产3~5个视频，每个视频的长度大约是2~4分钟，GBS同时也计划未来制作时间较长的视频。

GBS更看重视频的内容而非形式，视频并不是必须在30秒内抓住观众的注意力，而是要讲好一个故事。

GBS想要填补Vice和Buzzfeed之间的空白区域，它给自己的定位是不但要跟CNN有所不同，还要和其他流行的网络视频工作室有所区别。

"补给你的渴望（Feed your feed）"是GBS为自己公关活动选定的宣传标语，在广告中，GBS描述了自己的内容定位，希望能给受众提供真实的、有趣的、有内涵的故事，让观众看完后能感到很充实的故事。

GBS的视频内容都归类于四个话题：人类现状、酷派前沿、地球家园和美味轶事。选择这些主题并非因为这些内容很酷，而是因为 GBS 团队清晰地知晓这些内容在社交媒体上是参与度极高且具有正能量的话题。在平常的运营过程中，GBS 十分注重对后台数据的研究。主导 GBS 人工智能项目的 Khalil Jetha 指出，找寻目标用户需要一整套的特殊方法。他强调分析发布的每一条内容的重要性，因为这些视频就是一个品牌的传播使者。Khalil 还分享了把每一个视频都打造成品牌使者的秘诀：（1）了解你所发布的内容；（2）了解你的目标受众；（3）了解你的目标受众所消费的内容；（4）了解新闻的传播形式。

GBS 的内容分发渠道不仅有网站，还有 IOS 和安卓客户端。同时，GBS 也会在脸书、YouTube、Apple News 和 Snapchat 等社交媒体上发布内容。

在碎片化阅读的时代，抓住受众的注意力是重中之重。因为视频的内容种类非常多，GBS 会通过标题来概括整个故事的核心内容。屏幕下方的标题，简单直接地告诉我们故事的主要内容，而小字部分则会显示这个视频是属于上述四个主题中的哪一分类。而在视频播放的时候，我们可以看到，视频一开始是没有显示标题的，通常由一个场景或者是主人公的声音来引入，当我们被故事吸引的时候，屏幕中会显示这则视频的标题。而在

> 手机应用中，GBS 也是通过图片加标题的形式来展现视频。GBS 的内容往往是人们生活中的一小块，它可能是和某个人有关，也可能跟某件事有关，还可能是抽象化的东西，如表达一种精神。在 Someone 或者 Something 后加形容词定语是 GBS 常用的标题形式。
>
> 2017 年，GBS 在各个平台上的视频内容总计获得了平均每月 1.8 亿的收看量。
>
> ——引自《CNN 旗下爆款工厂 Great Big Story：怎样挖掘好故事》

2017 年，CNN 收购了面向年轻人的视频分享工具 Beme，这是一款有网红基因针对年轻人的视频应用，也是 CNN 希望增加社交基因和吸引年轻人的尝试。而且收购不仅是用户和技术，更是团队中的脑洞人才。Beme 的创始人是 Casey Neistat 和 Matt Hackett。Matt Hackett 曾是雅虎旗下的轻博客网站 Tumblr 的技术副总裁，而 Neistat 则是 Youtube 上坐拥 580 万粉丝的网络红人。但是，收购后的新公司会以独立的形式存在，隶属于 CNN，但不会被包括在 CNN 架构内。❶

CNN 还大胆尝试用无人机拍摄视频，深入那些无人进入的地区。虽然许多个人和组织已经开始体验使用无人机，但

---

❶ 全媒派．CNN 为啥收购一个画风完全不同的"网红"短视频应用？[EB/OL]．[2016–12–02]．http://www.sohu.com/a/120460820_465296．

CNN 是第一家正式、合法开展无人机使用可行性研究的国际一流媒体。❶

> **链接：CNN 的无人机报道**
>
> 2015 年 1 月，BBC 的三名记者因为在达沃斯世界经济论坛场地上空使用无人机，被瑞士警方以违反安全协议为由扣留审问。此后 CNN 与 FAA（美国联邦航空局）达成协议，FAA 已经允许 CNN 在进行官方新闻报道时使用无人机，同时也为其他新闻电视台建立一个"框架"，通过合作研究的方式以指导如何使用无人机进行类似新闻报道。
>
> 2015 年 8 月，CNN 成立了 CNN AIR 无人机报道部，在"无人机+"的时代背景下，率先试水"无人机+新闻"。
>
> CNN AIR 团队拥有两名专职的无人机操作员和十几架各种型号的无人机，是美国主流电视媒体中使用无人机进行新闻采编的领航者。
>
> CNN 就无人机报道进行过几次试验，比如密歇根州弗林特市的铅污染事件和费城的民主党全国大会。
>
> 在密歇根州弗林特市的铅污染事件中，记者手持照相机与摄影机，只能拍到有限的画面，无法看到受到影

---

❶ 全媒派.更快更 high 的"无人机+新闻"来了！CNN 编辑室试飞心得曝光[EB/OL]．[2016–09–23]．https://www.70tt.com/caijinglicai/451897.html.

响的一万户人家。但无人机可以紧紧跟随着记者移动,并从高处将受污染的1万户人家全部收入镜头之中。

报道民主党党代会的时候,CNN利用无人机拍摄到了位于沙漠中的里根总统图书馆,极大地提升了报道质量,为该事件增加了报道价值。

无人机改变了以往记者现场直播、在地势险要地区或危险地区进行新闻报道的游戏规则。正如《哥伦比亚新闻学评论》的一篇文章曾写道:无人机"可能从根本上改变了一个记者的叙事能力"。

但要想能真正使用无人机做新闻,哪怕只是做研究,CNN依然面临着行政管理上的障碍。

CNN也意识到,如果无人机使用不恰当,可能会侵犯隐私或违反新闻伦理。所以,如果电视制作人要使用无人机制作节目,必须向CNN法律部门申请。

不过,无人机的使用不会改变CNN的基因。CNN在电视新闻领域已经雄踞35年之久,早就建立了一套应对伦理和隐私争端的成熟机制。不管运用什么技术,这一点不会改变。

CNN AIR的无人机报道战略将激发无人机在新闻报道领域更大的价值。随着航空管理规则的第一步完善,

> 未来的无人机前景不可估量。❶
>
> ——内容引自《更快更high的"无人机+新闻"来了！CNN编辑室试飞心得曝光》

除了无人机，CNN也敢于尝试VR、AR等新技术。

2016年3月7日，CNN宣布CNN VR平台正式成立，以VR形式呈现全球新闻，让受众通过各种终端设备体验VR新闻。

2016年，CNN已经制作超过50个新闻报道和相关的360度视频，例如西班牙奔牛节的现场，民主党总统大选辩论等，这些VR视频在脸书上吸引了3000万人次的观看。

CNN的VR主管Ed Thomas将VR和360度视频描述为"重塑新闻故事过程"，CNN VR能真正满足CNN长期的品牌理念"Go There"，能够让用户体验到达新闻现场的感觉，使用户有更强的参与感。

CNN副总裁Jason Farkas则表示，相比现在大量的360度视频，CNN将会更加偏向于为观众还原现场。在拍摄过程中，CNN会采用全景声方案进行声音的采集，CNN用全景相机拍摄的新闻内容会被首先传出到CNN自己开发的一套环境模拟系统中去，在系统完全还原新闻现场后再以VR的模式进行输出，

---

❶ 全媒派.更快更high的"无人机+新闻"来了！CNN编辑室试飞心得曝光[EB/OL].[2016-09-23]. https://info.3g.qq.com/g/s?aid=spiderhoo_ss&id=wechat_20160923014827.

最后让观众通过 VR 设备进行体验。

CNN VR 开发的这套 VR 模拟系统可以将全景相机拍摄的全景视频中的所有物体和环境进行拆分、建模和生成。这就好像让你对照一张画,将画中的房子、树木和人用工具做成立体的再按画中的位置关系进行摆放一样。❶

但是,也有评论担心 CNN VR 新闻由于过度逼真,可能很多关于犯罪、事故等负面新闻报道在高度还原后只会让观众吓一大跳,从而失去了其该有的新闻性。因为在观众看来这并非新闻,而是真实的。❷

CNN VR 的内容正在争取做到每天更新,他的目标是能定期提供全球的 VR 内容。

CNN VR 已经在纽约、亚特兰大、伦敦、旧金山、迪拜、约翰内斯堡、东京、北京和中国香港 9 个地方设立公司。❸

CNN VR 拍摄的 VR 视频支持多种设备,包括个人电脑、CNN 安卓或 iOS 客户端、三星电子 Gear VR、Oculus 的头盔,以及谷歌 Daydream 平台。

---

❶ 周星恺.CNNVR:用全新技术还原现场 恐怖谷效应或将阻碍 VR 新闻的发展 [EB/OL].[2017-3-8].http://www.sootoo.com/content/670087.shtml.

❷ 周星恺.CNNVR:用全新技术还原现场 恐怖谷效应或将阻碍 VR 新闻的发展 [EB/OL].[2017-3-8].http://www.sootoo.com/content/670087.shtml.

❸ MODUOVR.CNN 正式推出 CNNVR,力争每天更新重大 VR 新闻或直播 [EB/OL].[2017-3-13].http://www.manew.com/news/14933.html.

超越边界：国际一流媒体的融合实践

本章小结

BBC 和 CNN 作为广播电视一流媒体里的领头羊，不仅受到来自新媒体的冲击，也受到了其他广播电视公司的竞争压力。

美国的三大广播电视公司在转型方面也不遗余力。

1996 年 7 月，微软公司与美国全国广播公司（NBC）联盟，创办了 MSNBC 的网站，并且很快超过了 CNN 网站，被认为是"在线新闻源组织化程度最高的网站"。

以 CNN 为代表的电视媒体在发展中也因报道的真实性而一再面临挑战。

在传统电视媒体纷纷积极转型的同时，商业视频网络 YouTube、Cheddar、Newsy 等积极开发互联网电视，或与电视生产商合作进行捆绑销售。这些网络平台希望通过互联网电视进入到约 2600 万的传统有线电视家庭中，获取更多流量，从而提高了广告收入和用户订阅收入；而像 BBC 和 CNN 这样的电视生产商和分销商则希望通过打造 24 小时的流媒体视频，在提高销售额的同时，瓜分渠道内的广告收入。

未来学家尼葛洛庞帝曾经说过："理解未来电视的关键，是不再把电视当电视看，电视将变成一种可以随机获取的媒体。"

包括 BBC 和 CNN 在内的国际一流电视媒体的新媒体发展也把提供更丰富的信息服务作为最终的发展目标。

正如 CNN 数字世界的总经理 Andrew Morse 所说："每天当

我们醒来,我们不会思考首先数字化还是首先成为电视集团。我们会思考怎样让我们的故事在各种平台播出……CNN 这个品牌需要无处不在。"

随着媒介融合浪潮的不断高涨及新媒体的不断发展,我们相信,国际一流广播电视媒体会在融合的路途上越走越好,也会越有越来越精彩的表现。

第三章 国际一流通讯社的融合实践

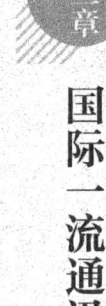

新闻通讯社是全球新闻生产和新闻流动达到一定水平的产物,是专业化分工在新闻传播领域的具体体现。

世界上最早的通讯社路透社成立于1850年,最开始依靠信鸽传递消息。后来随着电报、全球电缆以及新技术的发展,通讯社作为一个单独的媒介形态开始快速发展起来。

在当代大大小小的数百个通讯社中,成为全球新闻体系主导的主要是美联社、路透社、法新社这三大世界性通讯社,而在这三巨头中,美联社更是被称为世界第一通讯社。

随着全球互联网的发展和信息流通的加快和透明化,作为信息提供商的通讯社也受到了很大的冲击。

路透社如今已经变成汤森路透,转向金融服务,新闻已经是其很小的一个业务部分。

法新社逐渐失去法国政府的财政支持,国际竞争力不断下降,犹如困兽一般受到双面夹击。

而作为有着近170年历史和近4000员工的第一大社美联社也面临着许多重大的挑战。在媒体融合实践中,面对新媒体的冲击,传统订户的流失,传媒产业结构的调整和新闻报道观念的变化等问题,美联社、路透社、法新社通过不断进行媒体融合的探索,将其全媒体产品变得有足够的吸引力和不可替代性,在新闻信息爆炸的今天,仍然是国际一流媒体。

通过探索美联社、路透社和法新社的融合实践,我们也可以为国内的通讯社如新华社、中新社的发展提供一些借鉴和参考。

第一节 美联社:机器人时代到来

一、视频能顶半边天

关于美联社起源在新闻史上有不同意见,但是美联社最初的非营利性是和其他几个老牌通讯社不一样的地方。在 20 世纪"一战"之前,全球的通讯社主要由路透社、哈瓦斯社、沃尔夫社垄断,但是"一战"之后,这三大通讯社都遭受重创,名存实亡。美联社则随着美国霸主地位的慢慢确立而发展起来,逐渐成为全球第一大社。

美联社较早地探索媒介融合,从 20 世纪 80 年代开始就不断发展食品业务。1999 年,美联社兼并了位于英国伦敦的国际电视片交换中心——全球电讯网,组成美联社电视服务部。

在 20 世纪 90 年代,全球 50% 左右的电视国际新闻素材都是由美联社和路透社这两家通讯社提供。

20 余年过去,虽然互联网的发展日新月异,但是美联社在国际新闻电视视频的领先和垄断地位仍然没有改变。每天世界上有一半的人能在各个媒介渠道看到从美联社发出的视频内容。

2016 年,移动直播开始爆发式发展,美联社作为全球视频领域的带头大哥,自然也要抓住这个机遇期。

原来,美联社给电视台、移动端和网络端都提供相同的素材。但是,在 2015 年 6 月,美联社开始针对不同的渠道进行不同的分类,以便能够让用户更好地使用这些素材,能够使用移动媒体更加快速地将视频发布出去,从而让每一分钟内发生的新闻故事都获得现场直播。

美联社的直播产品主要包括《美联社直击》(AP Direct)和《美联社直播精选》(AP Live Choice)。

《美联社直击》主要直播重大新闻突发新闻事件、重大政治事件等。《美联社直播精选》则主要报道全球范围内的重要活动，如各种政治峰会、颁奖礼、首映等文化活动以及宗教活动、体育新闻等。

根据美联社2015年的年报数据，美联社2015年进行视频直播的时长超过了5000个小时，在线直播视频被采用率增长至60%，全球共有16亿人次通过各种平台观看了其生产的直播内容。❶

经过对直播视频的观察和实践，美联社认为突发新闻、策划新闻、沉浸式新闻和交互式新闻是新闻报道中最吸引用户的直播视频类型。比如英国乔治王子和夏洛特公主的降生，对飓风"马修"从巴哈马群岛移动到佛罗里达州，海龟孵化，日本樱花季的直播等，都是颇受欢迎的直播题材。沉浸式新闻则是用直播将受众"置身现场"，让观众"亲身感受"正在发生的事情。美联社已经连续两年在西班牙直播了为期8天的奔牛活动。交互式新闻直播实际上就是直播与社交媒体的碰撞，比如在脸书上的直播可以让主持人或记者在讨论中额外提出新问题或者引出争议性话题，带动观众的讨论氛围。❷

虽然社交平台也都在做各种直播内容，但是美联社可以做得更专业。

---

❶ 全媒派．美联社直播大旗：要做和电视相反的事情！[EB/OL]．[2016-1-30]．https://news.qq.com/original/quanmeipai/ap.html.

❷ 张紫璇．"百年老店"美联社专注四类直播 定位清晰布局明确[N]．光明日报，2016-10-15.

近年来，美联社不断在中东地区和拉美地区增强视频记者力量，并采编力量重心前移，将记者站设在当地，雇用和培训当地记者。对于中东地区还推出了一个专门的服务——AP Middle East Extra，主要报道该地区冲突和突发新闻之外诸如生活和技术方面的新闻。

在网络平台方面，美联社先是与微软合作，向成员新闻单位免费提供流媒体网络视频新闻，后又自己建设了网络视频中心（AP Video Hub），为数字出版商和新闻网站提供第三方视频内容。❶

美联社也与其他公司和平台合作，探索 VR 视频内容。2015 年，美联社与 AMD 合作，推出了 VR 门户频道——AP 360 Videos and Virtual Reality。先后推出了近 30 部 VR 新闻，从法国暴恐袭击到巴西里约奥运会，从高级酒店的奢华生活到医疗前沿的技术研发，大多是带有记录性质的影片。美联社还希望能够建立起一系列关于使用虚拟现实的标准和伦理规则，确保它被恰当地使用而非滥用。并且，要有意识地避免模糊人们对于现实和拟态环境的感知。在内容制作和分发两方面，VR 新闻照顾到不同设备、不同地区用户的需求，实现"虚拟现实民主化"。

二、技术是第一生产力

国际一流通讯社都对技术的发展极度重视，因为技术和时

---

❶ 张宸. 数字时代通讯社的新举措——解读《美联社 2014 年年报》[J]. 新闻与写作, 2015（06）：26-29.

效是通讯社的生命线。

1995年，美联社就建立了互联网服务部，通过网络向用户发布新闻。

1996年，美联社推出的The Wire，是通讯社专线时代最早的多媒体的发布终端。

1998年，美联社仅用了6秒钟就将13万字的斯塔尔报告发给了用户。而在"水门事件"的20世纪70年代，传送相同字数的电讯需要30多个小时。

2003年，美联社推出"AP Exchange"服务，美联社订户的记者、编辑可以用任意一台电脑登录"AP Exchange"，查看并使用美联社的文字、图片、广播、电视新闻稿件。随后，美联社又推出了针对移动端的发布平台"Project Uno"，订户的记者和编辑可以通过手机和平板电脑使用美联社全媒体的所有稿件。

近几年，美联社的技术转型一直都力争走在最前端，例如直播技术，人工智能技术等。美联社开发的Iris Reporter App，可以让美联社记者将自己智能手机拍摄的直播内容直接传输到各个平台。❶

美联社与Bambuser合作研究了基于移动端的直播流媒体技术Live U技术，可以使美联社分布在全球各地的记者或者业务

---

❶ 全媒派.美联社直播大旗：要做和电视相反的事情！[EB/OL]．[2016-1-30]．https://news.qq.com/original/quanmeipai/ap.html.

记者通过手机将视频内容传送到美联社伦敦视频中心,并且清晰度可以符合电视直播的标准。美联社后台的视频新闻编辑任务也变得更为重要和繁忙。只需要一部手机,就可以实现高清视频的国际化传输,这极大地提升了视频直播的品质。

美联社的写稿机器人"WordSmith"更是经常被业界津津乐道,作为人工智能在新闻领域应用的典范。

2015年5月,美国国家公共电台驻白宫记者Scott Horsley曾与"WordSmith"上演了一场人机报道对战。虽然最终还是记者获胜,但机器人仅用2分钟就完成了一篇深度报道。

美联社最早使用Wordsmith撰稿平台发布了题为《苹果第一季度营收远超华尔街预测》的财报稿件。随着人工智能技术的不断发展。到2016年,Wordsmith平台每周可以写出上百万篇文章,系统每秒甚至能生产2000篇文章,Wordsmith创造出100多种报告类型,建立了50万则推特内容,涉及财经、讣告、体育赛事等各种报道类型。

而且,Wordsmith对每一个细节的推敲,丝毫不亚于新闻记者们。Wordsmith平台能够通过分析大量原始资料,利用自然语言,来创做出与人类记者语气相似、个性且具有变化的内容。写稿机器人还通过动态锁定资料中的模式与趋势,能够仿照不同记者,生产风格迥异的个人化内容。❶

---

❶ 全媒派.美联社机器人记者Wordsmith再升级:为记者订制专属"大白"[EB/OL].[2015-3-18].https://www.jzwcom.com/jzw/2f/9260.html.

但是，Wordsmith 平台需要不断地投入进行程序更新才能适应各种新闻话题、结构与形式的变化要求，其专利权归 AI 公司所有，由于专利保护所造成的技术壁垒，使该技术的可推广性与可复制程度低，导致媒体运营成本过高。

由于有雄厚的资金实力做支撑，美联社才有能力与 AI（Automated Insights）公司合作。而对于资金实力相对弱小的媒体机构，写稿机器人就不是适合了。❶

2015 年 9 月，腾讯财经也开发出自动化新闻写作机器人 Dreamwriter，它根据算法在第一时间自动生成稿件，一分钟内将重要资讯和解读送达用户，并且逐步向风格化、个性化写作方向进化。

所以，从技术的进步来看，美联社真正的竞争对手并不是其他通讯社，而是像谷歌、脸书这样的互联网巨头。

美联社历史悠久，机构庞大，而这也是媒介融合中改革的重点。全社工作人员约 4000 名，其中编辑、记者 1600 多人。

2004 年，美联社纽约总部搬入位于曼哈顿西 33 街的新大楼。美联社将文字新闻、广播新闻、视频新闻等生产部门聚合到了一起，并成立了多媒体指挥中心 Nerve Center。在这个指挥部的领导下，美联社不同平台的记者编辑可以随时

---

❶ 李湘湘. 美联社 Wordsmith 自动化撰稿观察［J］. 青年记者，2015（12）：85.

互动，总社内的所有资源都可以共享，记者可以按需为所有平台服务。

Nerve Center 将发展重点放在全媒体新闻产品上，加强与客户互动，并结合受众需求及时调整采访方针，同时积极利用社交媒体。❶

对于分社，美联社也采取了融合的策略。例如美联社北京分社在 2007 年就将位于北京建国门外外交公寓的办公室搬迁至双子座大厦，并将文字部门、图片部门、电视部门和全球媒体服务（GMS）部门放在了一起办公，形成了一个融合新闻工作室。分社社长的职位也逐渐被全媒体新闻总监的职位所取代。2013 年，北京分社第一任新闻总监由资深电视制片人麦斯（Miles Edelsten）担任。

当时，美联社分布在全世界的各个分社都在展开这种部门整合，即弱化社长而由总监取代，其目的就是让所有美联社记者都可以为其不同平台服务，以"多媒体思维"统领所有新闻产品的策划、采访和发布，把握分社新闻产品深层次的整合，从而使美联社能够向客户提供更丰富的多媒体内容。❷

三、社交媒体使用指南

2011 年，美联社一名摄影记者在"占领华尔街"运动中被

---

❶ 陈怡. 美联社的新媒体战略［J］. 中国记者，2007（8）：79-81.

❷ 王娜. 媒介融合时代美联社新闻变革的实践［J］. 传媒，2017（5）：58-59.

捕,有员工将此消息通过社交网站推特先发布到网上。美联社执行总编辑卢·费拉拉在写给全体员工的内部邮件中说道:"你们的首要任务是为美联社工作,而不是推特。"并重申规定:一切有新闻价值的消息、图片或视频都要首先提交给美联社,而不能自行在推特之类的社交媒体上发布。

虽然在这个事件中看似美联社对社交媒体充满"敌意",但是美联社一直鼓励员工积极使用社交网络,员工可以与线人、政客或新闻当事人在脸书上建立好友关系、在推特网上成为他们的"粉丝",以各种形式在社交网站上添加有关美联社报道内容的链接。

美联社也鼓励员工与用户互动,回答他们自己报道领域的相关问题。前提是他们的回答必须要符合美联社新闻价值原则和社交媒体指南,必须恪守美联社的基本价值观。

链接:美联社的社交媒体使用指南

美联社自1953年以来出版的工作手册,一直被称作"新闻界的圣经",而2010年6月2日,它第一次在原有内容的基础上补充加入了"社交媒体使用指南",对整个新闻界产生了震动。

在这部指南中,美联社规定了使用脸脸书、推特和其他社交媒体的一些基本经验和法则,告诉记者该怎么做、不该怎么做。

超越边界：国际一流媒体的融合实践

> 首版的指南界定了包括 App、blogs、RSS、smartphone、wiki、friend and unfriend 等在内的 42 个概念，还提供了记者的使用案例。其中一些内容让业界感到非常有趣，如将"智能手机"（smartphone）分拆成两个词，将 web site 合并为 website，规范"连字符"的使用（如 e-mail e-reader A-list），允许"朋友"和"粉丝"既可用作名词、也可作为动词，确定"转推"（retweet）和"解除好友关系"（unfriend）的使用。指南甚至还界定了一些短信和即时通讯中常用的缩略语，如 ROFL、BRB，G2G，还有新潮的词汇如 POS，它代表"小心父母""提防父母"（parent over shoulder），这是青少年和儿童在即时会话时，暗示对方父母走近了。❶
>
> ——引自《传统媒体如何使用社交媒体：美联社案例》

其实，不仅是美联社，国内外的新闻媒体都在尝试制定社交媒体政策，力图规范新闻记者在社交媒体上的言论。路透社、法新社、《纽约时报》、BBC 等国际一流媒体近年来都相应增加了对雇员使用社交媒体的指引。

美联社的社交媒体指南之所以产生了巨大影响力，主要是因为其中规定详细，几乎涉及了记者可能使用到社交媒体的所

---

❶ 陈昌凤，朱小妮．传统媒体如何使用社交媒体：美联社案例［J］．新闻与写作，2013：6.

有功能，而且还根据社交媒体的发展不断更新，与时俱进。❶

美联社《守则》中可以看到路透社等其他媒体机构管理规范的影子，但独立性也同样明显。如对员工账号的管理，《守则》建议员工"一个网络使用一个账号，既用于工作，也用于私人社交"。这和由路透社提出、业界盛行的"工作账号与私人账号分开"理念截然不同，颇为"特立独行"。❷

对于社交媒体上用户自生内容，美联社有一些具体的规定，例如禁止在发布 UGC 时进行任何重新编辑：不可以剪裁，也不可以裁掉文字或水印。如果水印巨大对画面产生影响，美联社应向对方索要无水印版本的图片。若必须进行后期处理，还要再次获得原作者的正式授权。美联社还坚持尽可能地给提供 UGC 的用户署名，向拍摄者表示尊重与感谢。

美联社的新闻编辑在使用 UGC 内容时，首先必须尽可能完整浏览、分析同一事件在社交媒体上发布的所有视频和照片，通过谨慎的判断和技术手段的帮助，排除掉时间错位或地理位置混乱的 UGC 内容，避免使用张冠李戴的素材，或使用错误以及造假的素材。同时还要排除众多转发者的干扰，找到素材的原创者。在整体把握新闻事件后，才能选择使用 UGC 内容。

在发布给客户时，美联社还会有如下注释：该内容来自

---

❶ 冯莉萍. 数字化时代美联社使用社交媒体的规范研究 [J]. 新闻传播，2014（7）：22-23.

❷ 文建. 与时俱进 磨砺经典——美联社《社交媒体使用守则》成长史 [J]. 中国报业，2013（11）：78.

UGC，美联社已完成该图片（视频）的核实工作，其描述的事实与美联社自己的报道内容相吻合。对于极具震撼力或具有极高新闻价值的内容，美联社会通过支付一定费用来获得独家播发的权利并利用社交媒体寻找新的议题。

社交媒体上受关注的议题，美联社也会选择一些进行独立的调查报道，把他们变成下一条重要的新闻。

第二节 路透社：不再是通讯社

路透社是世界上第一家通讯社，发源于英国，是全球一流的通讯社。"二战"后，路透社经过了多次调整。但由于新媒体技术发展和内在经营管理方面的失误，路透社在进入21世纪以来亏损严重，危机重重。2008年，路透社与加拿大汤姆森集团并购、组建为全球最大的金融资讯和数据供应商汤姆森路透集团（Thomson Reuters Group）。合并后的路透社不再以通讯社业务为主，而是主打金融数据服务。但是，路透社遍布世界各地近200个办事处的2600余名记者仍然向受众发布一流的实时国内外要闻，并素来以"迅速、中立、准确"的新闻报道享誉国际。

新闻仍然是路透社非常重视的版块，这是路透社的灵魂和核心。也是其成为国际一流媒体的主要抓手。

近年来,依靠不断的技术创新和战略调整,路透社依旧是国际一流通讯社,路透社的金融信息业务仍然处于龙头地位。

一、权利的游戏

路透社将自身在新媒体时代的角色定位为内容促进者、工具开放者和编辑。所以,路透社除了新闻业务之外,更多的是提供金融管理的工具和平台。对股票、外币汇率、以及债券等资讯的分析、处理、发送,以及相关产品的开发等金融业务占据 90% 的业务份额。路透社也在不断推出一系列的新产品,满足法律、税务、会计和科学市场专业人员的信息需求。

路透社的财经信息分析系统提供了 100 多项角色选择功能,可满足不同类型的用户需求。

在经营管理方面,路透社善于与各媒体技术公司合作开发平台,用资源互补的形式分享信息、扩大受众面。

2010 年 4 月 14 日,它宣布了合并以来最大的改革,定义了新的专业信息消费方式:为"Google 一代"定制网络平台,以在线搜索取代终端指令。并将合并后的核心业务定位为:提供全球新闻、为金融专业人士提供数据产品和技术以及服务于法律、科技、会计和医疗行业的产品组合。新公司的市场在于"会为内容和服务付费的专业人士"。它要坚定地摆脱对媒体依靠广告收入这种模式的依赖,让受众为内容付费。

路透社采用用户分级的经营模式,不同等级的订户依据自身权限,来获得相应的信息。根据各电视台的大小、受众多寡以及覆盖率决定不同的收费标准,而且通常向潜在用户提供3个月或3个月以上的免费试用期,吸引尝到甜头的用户继续订阅更多的内容和服务。

路透社围绕新媒体技术发挥各自优势不断地改革经营模式,改进产品与服务,强化专业内容的核心竞争力。全媒体技术促使媒体的角色定位从社会记录者、信息传播者向社会解读者、分析预测者和受众需求回应者转变。❶

二、机器人写稿

从创办初期的信鸽传讯及利用电报技术建立传播网络,路透社一直非常重视技术的发展。1979年,路透社在英国伦敦兴建了一个技术中心。这个中心通过60台电子计算机和5000条通信线路,向世界各地订户输送各种新闻。此后,路透社又在日内瓦建设了另一个同样规模的技术中心。2009年,路透社在技术方面的支出就近10亿美元,约占当年全部总投资的88%。

近年来,路透社采取了多种措施,更新自身的新闻编辑室,采用各种新技术进行媒体融合实践。

和美联社一样,路透社开发了一系列的新工具和新系统,来提高信息写作和传播的效率。

"News Tracer"可以对新闻信息和数据进行自动化采集和整

---

❶ 李瑛,韩笑恬.差异发展、创新模式、调配资本:汤森路透的转型战略[J].中国记者,2016(9):121-123.

理，让记者可以在新闻突发的第一时间通过算法获取推特上的相关线索集合，并通过算法来分析可信度，确保这些线索准确真实。

Live Data 工具可以将数据插入文章当中，大大减少了记者的工作量。

FastWire 可以自动抓取相关元数据。

Leap 可以自动将关键字翻译成多种语言。

在公司财务报告和多媒体报道中，路透社还使用了360度视频、自动化写作等技术，同时着力训练社内记者的全媒体实践能力。

链接：路透社的写作机器人 Lynx Insights

在 2018 年 Nicar（National Institute for Computer Assisted Reporting）数据新闻年会上，路透社新闻采编部主编 Padraic Cassidy 公开了其最新的内部自动化报道工具，也就是我们常说的写稿机器人——Lynx Insights。Lynx Insights 的职能包括但不限于收集和分析数据、构思报道和撰写常规句子，记者可以在 Lynx Insights 的协助下提高报道效率，或挖掘新鲜选题。Lynx Insights 可以说是发现数据的第三只眼。

Lynx Insights 的主要应用是在财经新闻报道上，Lynx Insights 可以基于公开性信息完成三分之二的内容。在财

> 经新闻选题上，当 Lynx Insights 识别到异常数据波动时，其会通过电子邮件等方式向记者发出警报。此外，记者还可以在 Lynx Insights 上进行关键词设定，进行定向筛选和监测。
>
> 例如，Lynx Insights 在监测到沃尔玛股价连续多日大幅下挫后，会将这一消息迅速反应给记者，并结合沃尔玛实际情况，向记者建议应该从哪里入手进行写作。与此同时，Lynx Insights 还提供了沃尔玛竞争公司近日的经营状况，和商业分析师对沃尔玛的评价等。Lynx Insights 还将应用于体育新闻报道和地震监测等其他细分新闻领域。
>
> Lynx Insights 还将接入体育资讯数据库、公司法律数据库、政府数据和民意调查数据等。以此来建立基于大样本的新闻模型。
>
> ——引自《路透社发力"自动化报道工具"》

路透社从 2015 年起就开始将人工智能应用于新闻编辑部，但是在前期效果并不令人满意。

Lynx Insights 更多地扮演的是数据分析师和助理记者的角色，其根本目的是将记者和编辑从常规事务中解放出来，全身心地投入他们真正擅长的事务当中，如提出问题、判断事件的重要性、分析数据和还原事件真相上。

路透社数据和创新部执行主编 Reg Chua 表示："我们已经认识到，开发自动化报道工具的核心不是让机器写出具有深度的新闻报道，而是在人类的优势与机器的优势之间达到微妙的平衡。"

该项技术的核心在于通过机器学习为推特等社交平台上的信息流进行赋值，一旦有超过常规值的消息出现，机器将会在第一时间通知记者进行真实性核查和报道，从而可以帮助路透社记者在突发新闻报道中抢占先机。

路透社也不遗余力的在做将一些报告的文本稿件转化为可视化数据，将交互式图表报道广泛应用于一些金融报道中，受到订户的广泛欢迎。路透社还鼓励记者，在构建一则新闻时，要对数据和事实进行深入思考，创造出更多交互式图表报道。

2013年8月，汤森路透向外汇市场中1300家买方机构推出面向金融专业客户的开放、安全的即时消息工具 Eikon Messenger，试图打破彭博对金融界即时通讯业务的垄断。

路透社在全球有2500多名记者，都在朝全能型、全媒体记者转型，记者要能充分移动新闻创作、摄影，编辑则需要会使用可视化图表等软件等相关技能。

路透社非常重视培训工作，每年都会进行了大量培训工作。

2015年开始，路透社启动了移动新闻培训项目，开发了专门的采编软件，让记者更加方便地使用移动设备采集视频图片等素材。当记者通过自己的移动设备记录新闻视频时，相关文件将被自动编码,随后传送到服务器。编辑可以实时对记者进行提问,并让前线记者提供后续信息和材料。

为了从通讯社向信息提供商转型,路透社采取批发市场与零售市场两手抓的策略,开辟直接面向受众的新媒体产品。用户不仅可以通过网络订阅路透社各方面资讯,还可以在路透社提供的网络平台上操作金融运作的各个环节。

对于社交媒体以及UGC内容,路透社同样非常开放积极。2014年11月,路透社将其网站的新闻评论功能关闭,读者以后可以通过推特、脸书等社交媒体或在线论坛上发表评论。路透社的UGC平台——You Witness也有较大的影响力。路透社还投资了博客业务,在全球范围内推广博客新闻和评论,扩大了新闻的采集范围。

三、把握世界脉搏

在国际一流通讯社中,路透社的视频业务最早起步。在1964年,路透社就与BBC、NBC联合成立了VisNews公司,合作经营电视新闻。1992年,路透社将VisNews改组为现在的路透电视部(即路透TV,ReutersTV)。

路透社于1993年开始向互联网网站提供新闻批发业务。1996年,路透社就建立起了自己的网站,主推路透社自行采集的综合新闻和视频新闻。

视频业务是路透社主要内容,与美联社一样,路透社非常重视视频业务的发展。

2004年，路透的网络电视新闻频道开通。

2014年，路透社推出网络直播视频服务。订户可以通过Reuters Connect新平台将路透社提供的直播新闻内容直接发布在自己的平台上。Reuters Connect平台能够利用尖端的基于云的交付系统来满足订户的需求，更快、更智能。

2015年2月，路透社上线了"路透电视"客户端（ROUTERS TV APP），这是一种全新的新时代数字新闻传播平台。用户可以点播或者预订感兴趣的电视新闻内容。30天免费试用期之后，路透社向客户收取每月1.99美元的订阅费用，视频可以被离线存取，并且提供LIVE FEEDS现场直播内容。这对于通讯社来说，是一次业务模式的革新。

"无论何时何地，你都身在现场，把握世界脉搏。新闻，就在你手中！"这是ROUTERS TV APP的口号。

以往通讯社的视频内容都是针对媒体和信息供应商收费的，但是路透电视客户端是直接针对个人收费。虽然路透社的视频客户端推出的时间较晚，但是也少了很多试错的成本。此前，传统媒体的付费墙如《纽约时报》走了不少弯路，而在2015年，付费已经成为业界的共识。路透电视客户端有大量的独家新闻和时事播报，体现了国际大型通讯社的资源优势和优质水准，所以很容易获得成功。

2010年以来，路透社相继发布了阿拉伯语、德语新闻视频产品，提升当地新闻竞争力。2012年7月，宣布推出西班牙语在线视频服务。2012年9月13日，路透社宣布在哥斯达黎加首

都圣何塞开设一个新的运营中心,这是其唯一一个针对西半球客户的运营中心,为路透社在拉丁美洲的迅速扩张提供支持。❶

路透社将面向用户的视频产品定位为转型重点,并取得了成功。

第三节 法新社:小而精路线

法新社是世界三大通讯社之一,虽然发源于法国,有强烈的法国背景和地域性,但是法新社的全球影响力依然强大。

法新社目前在全球共有137个分社,欧洲地区分社56个,占其总数的41%。法新社在非洲地区的传统优势依然强大。在西非地区,尽管仅有阿比让和达喀尔两个分社,但其报道员多为当地重要媒体的总编辑,摄影师也都是当地总统府或者政府的官方摄影师,经常获得内部独家消息。

近几年,法新社在媒体融合方面也颇有特色,也取得了成功。

虽然法新社的视频业务起步较晚,从2001年开始才开通了AFPTV,但是视频业务发展迅速。从2005年开始,法新社用

---

❶ 李瑛,韩笑恬.差异发展、创新模式、调配资本:汤森路透的转型战略[J].中国记者,2016(9):121-123.

七种语言发稿,视频业务成为其收入的主要来源。2016年的视频业务收入达4200万欧元,占法新社当年商业总收入的20%,占新闻产品收入的25%。法新社先后与视频商Zoom.in、全球网络内容网站Mochila、数字媒体发布平台Clip Syndicate、图片商Pictopia合作,来拓展自己的视频、图片等业务。法新社与Zoom.in达成视频节目销售协议,通过Zoom.in为用户提供视频内容。法新社自己的电视和视频节目《12H》,有的视频是法新社自己的记者拍摄,有的直接购买。为了跟其他世界大通讯社竞争,法新社在向客户发送文字稿件时还要求配发现场或历史资料图片,并尽可能多的加上链接文字。

法新社加强移动新闻业务的建设,其客户端通过技术公司Creative Link与日本三大移动运营商合作,与Mobile Scope合作提供即时新闻服务,用户可在该平台上定制专属自己的新闻频道。

在激烈的竞争中,法新社不断调整自己的定位,法新社将不做"通用型"通讯社,重点放在视频、体育、服务和企业合作四个领域,走"小而精"的发展路线。

链接:法新社的另类拓展

2006年2月,法新社与日本软银集团共同投资建立了一个交互性日语网站AFP-BB(www.确bb.com)。该网站每天24小时更新,由25名日本语记者负责维护运

超越边界：国际一流媒体的融合实践

> 行，网站内容来自法新社遍布全球170多个国家和地区的2000多名记者、摄影师、编辑及图形设计师之手。AFP-BB网站最大的特点是利用博客和BBS论坛开启了一种新的新闻报道与传播模式，网民可根据自己的爱好设计个性化主页，随时发布针对某一新闻事件的评论帖。同时，对于网民评论，网站编辑会进行仔细的挑选，将其中一些具有代表性的言论添加到报道正文中，增加报道丰富性，或者对网民留下的新闻线索进行追踪，以丰富报道视角。这种交互式新闻模式一经推出，立刻得到强烈的市场反响，出于保护知识产权的需要，网民不能打印或下载网站上的图片，但可以将自己选中的图片以文件的形式直接存放在网站提供的空间。
>
> ——引自《法新社的新媒体战略》

本章小结

在梳理了美联社、路透社和法新社的融合实践之后，我们将视角转回到国内。新华社作为中国的国家通讯社，也是世界四大通讯社之一，发展的时间虽然不长，但是也朝着国际一流通讯社的目标在稳步迈进。

近年来，新华社推出了不少新媒体产品，成立新媒体中心，也一直在进行数字化转型。如"金融08"、手机报、新华网、新媒体专线、微博、微信等，以期摸索出适合自身特色的媒体融合发展之路。

2014年6月，"新华社发布"客户端上线后，新媒体专线为客户端服务，第一时间提供最新报道，并根据客户端新闻需求向各分社记者约"定制"稿件，打通了采编平台与终端平台的融合。

美联社、路透社在数字化新媒体转型中虽然始终保持在全球领先的位置，但也面临着很大的压力和挑。他们的经验对整个我们发展国际一流通讯社有重要的参考价值。

全方位的融合、批发与零售市场双轨并行、充分了解受众需求、重视发展音视频业务，全方位渗透于新媒体的各个角落。中国的媒体技术和媒体形态的发展已经相当成熟，我们应把握大势，在世界传媒业的竞争中寻求突破。

对于世界性通讯社的新媒体发展与转型的探索是个庞大的工程体系，还需要不断认真学习、努力探索、勤于总结。但是我们相信，在未来，我们整合优势资源，重视技术的投入发展，赶上甚至超越西方的一流通讯社，是完全可能的，也是完全可行的。

第四章 国际一流网络媒体的融合实践

在《路透社发布平台研究报告："双守门人时代"巨头是天使 or 魔鬼？》中，我们认为只有媒体对新闻进行把控的单一守门人时代已经远去，传媒业正进入由媒体和社交媒体平台共同把控的双守门人

国际一流网络媒体，从本质上看，应该是具有媒体属性，同时又有着强大的全球影响力和话语权的网络平台。

若从全球影响力来看，在互联网 1.0 时代，像雅虎这样的门户网站曾经风光无限。到了互联网 2.0 阶段，又有谷歌这样的搜索

第四章 国际一流网络媒体的融合实践

引擎巨头的崛起,再到后来,微博、推特和社交网站脸书的出现,让网络媒体世界更加丰富多彩起来。

国际一流网络媒体的发展历史,也是一个不断融合、不断变化的博弈场。

国际一流媒体不是一成不变的,雅虎被收购,谷歌被挑战,脸书被质疑,推特面临流量下滑的困境,后起之秀不断挑战他们的地位。

在媒体领域有赫芬顿邮报、Buzzfeed这样的新星,在应用领域有Instagram、Snapchat、WhatsApp这样的流量担当。还有Youtube这样的视频网站的老大。

它们之间的竞争与合作,它们和传统媒体的关系的处理,它们对新闻业的改变,它们对世界的改变,都是不断融合实践的结果。

而且这些融合会不断深入。

随着移动互联网时代的全面到来,互联网已经成为真正的全方位的生活方式,严格意义上的网络媒体已经不存在了。

今天,人们基本是通过微信朋友圈或脸书等社交媒体平台来获取新闻。纯粹意义的网络媒体,在互联网应用的谱系中,正在边缘化。❶

所以,我们研究网络媒体的融合实践,更应注重他们与传

---

❶ 方兴东.雅虎的衰败与网络媒体的没落.[EB/OL].[2016-4-28].http://tech.huanqiu.com/internet/2016-04/8824338.html

统媒体、自身间和与新兴的网络媒体之间的融合。从这些融合实践中，得出未来网络媒体发展的走向。

虽然我国的百度、阿里巴巴和腾讯三家互联网公司（以下简称 BAT）发展很快，获得了世界的关注，也取得了一定的国际地位。但是，不可否认的是，像微信、QQ 等社交平台在国际上的话语权和脸书相比还有较大差距，百度与谷歌相比也有较大差距。

所以，如何借助移动互联网的新一轮的发展机遇，打造我国的国际一流网络媒体，是一个值得研究的问题，也是我们需要仔细研究和发掘的问题。

也许，像抖音、B 站这样的新兴网络媒体的崛起，让中国的网络媒体在新一轮的国际竞争中有了弯道超车的机会和与国际一流网络媒体竞争的底气。

互联网进入了人工智能时代，也进入了更深层次的融合阶段，在融合浪潮中抓住机遇，占领先机，才是打造未来国际一流媒体的最佳路径。

传媒业正进入由媒体和社交媒体平台共同把控的双守门人时代。前者决定哪些事件可以被报道，后者则影响着新闻的分发，且作用越来越大。

第一节 谷歌：媒体的颠覆者

谈起谷歌公司（Google Inc.），人们的第一反应不会把它和媒体联系起来。

但若论谷歌的国际影响力和信息流通的掌控能力，称其为国际一流媒体一点也不过分。

欧洲多家传统媒体曾向欧盟议会投诉谷歌公司实施信息垄断，多家国际学术出版机构控诉谷歌进行学术垄断。

搜索虽然是谷歌的核心业务，但是不止于搜索，不断创新融合，才是谷歌逐渐成为最伟大的互联网公司的精髓。

一、谷歌变成了 Alphabet 的子公司

谷歌公司成立于 1998 年，对于一家互联网企业来说，这家成立 20 多年的互联网企业也算是老字号了。

同时代的雅虎（Yahoo）曾经也是互联网的巨头，是国际一流网络媒体，但最终难逃被收购的命运，最后甚至连名字都没有保住。

门户模式基本上是网站生产和整合内容供网民消费的互联网 1.0 模式。这种模式在早期占据绝对的统治地位，随着网络内容极大丰富，门户模式生产机制开始明显力不从心。

在这20多年的发展中，有多少曾经叱咤风云的互联网公司都消失或者衰败，但为什么谷歌能屹立不倒，一直在前进？

这其中有多方面的原因，但是有一点特别重要，那就是谷歌一直在做媒体融合，是名副其实的传媒巨擘。

2006年，谷歌收购视频网站YouTube，2012年又收购摩托罗拉，推出智能手机操作系统安卓，这使得谷歌在社交和移动方面赢得了重要位置。

谷歌眼镜、谷歌平板电脑Nexus7、社交流媒体播放器NexusQ、谷歌VR等又在硬件软件结合方面引领潮流。

谷歌在新闻领域也进行了大量的创新，并在很大程度上改变了传媒业的生态。

互联网搜索、云计算、VR技术、无人机、人工智能等，谷歌涉足的这些领域显示了谷歌有征服世界的野心和破坏性力量。

探索谷歌的媒体融合实践，恐怕离不开移动、社交、传统媒体和视频这几个关键词，虽然对于很多人来说搜索就是谷歌，谷歌就是搜索，但是这个网络传媒巨头在融合创新的路上是不会停下自己的脚步的。

2015年8月9日，谷歌创始人兼CEO拉里·佩奇宣布创建一个新的公司Alphabet，谷歌将成为Alphabet的子公司。孙达尔·皮柴（Sundar Pichai）成为谷歌的首席执行官，而拉里·佩奇担任Alphabet的首席执行官。

具体来看，Alphabet旗下公司包含谷歌（包括搜索、广告、地图、Youtube视频服务和移动终端系统安卓)、Calico(抗衰老生物技术)、Nest(物联网相关)、Fiber(光纤宽带服务)、Google Ventures和Google Capital(风投和投资部门)以及Google X(无人驾驶汽车、无人机等研发部门)。

消息公布当天,谷歌的股票就大涨5%。

这次重组,是谷歌希望把特别挣钱的谷歌广告业务和无人驾驶汽车、联网气球、太空旅行、智能城市等那些只烧钱不赚钱的业务拆分开来。这些看似非常疯狂而又不太可能实现的项目称为Moonshot,在2015年,谷歌在这些Moonshot项目上的亏损高达36亿美元。

这符合谷歌的精神,一直引领世界互联网创新潮流的谷歌,就是要不断创新,不断融合,不断前进。

2016年6月8日,《2016年BrandZ全球最具价值品牌百强榜》公布,谷歌以2291.98亿美元的品牌价值重新超越苹果成为百强第一。

当我们的大部分网络媒体还在想着如何吸引更多的流量的时候,谷歌的大胆想法和超前实践已经让我们看到了未来的模样。

链接:谷歌收购YouTube

2006年10月9日,谷歌以16.5亿美元的天价收购了视频网站YouTube。十多年来,YouTube在视频网站的老大地位一直无人撼动，成为谷歌称霸网络视频领域的抓手。

苏珊·沃西基，谷歌最早的员工之一，也是现任的YouTube首席执行官，是改变这一切的关键人物。

1998年，是她将自家车库租给的拉里·佩奇和谢尔盖·布林，才创立了现在的谷歌。在收购YouTube前，苏珊·沃西基率领谷歌自己的视频业务部门Google Video苦苦支撑，却处处落在YouTube后面。"我们有许多好创意，很多方面做得也不错，但就是打不过YouTube。"这件事给了苏珊·沃西基今生最大的教训："当你意识到你需要改变战略，或者什么事行不通时，大多数时候我们会有一种本能的抵制情绪，其实你需要的正是拥抱它、接受它。越早调整，就越早走上正轨。"

2014年2月，苏珊·沃西基成为YouTube首席执行官。虽然谷歌从未披露过YouTube为公司贡献了多少利润，甚至连该网站是否盈利也没有说过。但据市场研究公司eMarketer预测，扣除了佣金和授权费之后，YouTube在2016年出售大约43亿美元的广告，大约占谷歌营收的7%左右。现在，这家视频网站每月访问量超过10亿人次，公司估值超过200亿美元。

全球的视频网站那么多，老大为什么永远是

YouTube？

最关键的原因可能是YouTube并不只是一个视频分享网站，而是一个以视频分享为纽带的用户关系网站。YouTube的社交基因正是谷歌最需要也是最缺乏的。而YouTube则把自由、开放、平等、分享的互联网精神发挥到了一定高度。

除了分享和自由，还有就是YouTube功能上的极简主义和注重细节，重视用户体验。

当然，丰富有趣的内容是一个成功的视频网站不可或缺的。舞蹈视频"江南Style"在2012年成为YouTube上第一条观看次数超过10亿次的视频。由韩国说唱歌手Psy创作的这段视频目前仍高居YouTube观看次数最高视频排行榜的首位，观看次数超过23亿次。

在2007年，平均每分钟都有6小时时长的视频被上传到YouTube平台。现在每分钟被上传到YouTube平台的视频时长大约为300小时，或每天被上传到YouTube平台的视频时长大约为43.2万小时。这意味着一个人要想把某一天被上传到YouTube平台上的所有视频都看完大概需要49年的时间。

二、与传统媒体称"老铁"

对于谷歌这样的搜索平台与传统媒体的合作与其说是融合，倒不如说是被迫。

谷歌一直与传统媒体在版权问题上有分歧和争执，特别是谷歌学术和谷歌转载的传统媒体的文章。《华尔街日报》、美联社、法新社这些传统一流媒体都曾联合其他媒体共同抵制过谷歌的盗版。法新社甚至提出要谷歌赔偿1750万法郎。

2013年，德国颁布了新版权法，这部更加严苛的版权法使出版商对自身内容拥有了近乎完全的控制权。搜索引擎和内容聚合商在未经媒体授权的情况下，不得随意使用抓取内容。这些公司必须要具有许可才能获得内容使用权。西班牙2014年11月通过的新《知识产权法》（LPI）也针对谷歌和其他新闻聚合器做出了应对，主要是要求谷歌向出版商支付版权税。因为这部法律，谷歌关闭了Google News的西班牙版。

谷歌对此一直都持有非常明确的态度，谷歌只显示了新闻标题和摘要，并附有消息来源的网站链接，并没有真正构成侵权行为。而且谷歌只是一个网站，并不负责生产内容。

一位欧洲委员会的媒体研究专家曾说，想让谷歌为文章付费，就好像"没收古腾堡（德国活字印刷发明人）的印刷机来阻止抄写员"。

谷歌收购的视频网站YouTube也面对版权问题的困扰。这个问题也是YouTube的创始人想将之卖掉的原因。

维亚康姆集团（Viacom）在2007年将YouTube告上法院，向谷歌求偿10亿美元。维亚康姆集团要求YouTube从其网站上撤下几千段未经授权的视频节目，其中包括电视脱口秀节目《科尔伯特报告》以及动画片《南方公园》等。经过四个月的对抗，维亚康姆旗下的MTV电视台宣布，将通过谷歌的广告联盟系统发行MTV的音乐视频，另外，谷歌还将在视频网站上撤销维亚康姆的电视剧等节目。两家最终达成了和解。

在维亚康姆事件之后，谷歌抓紧解决版权问题，希望通过广告分成和共享利益解决这一问题。YouTube先是推出了名为"Claim Your Content"的内容过滤机制，又与华纳和迪士尼合作，测试新的视频识别（Video ID）技术。

谷歌还与YouTube在许多公开场合，不断宣称保护版权以及与内容企业合作对YouTube的重要性，展现其合作诚意与决心。

同时，谷歌也不断资助新闻项目，支持行业峰会、线下活动，同一些纸媒和广播媒体合作，购买他们的广告版面，并将这些广告与其前后的报道内容进行匹配，投放内容关联的广告。

其实，谷歌定位非常清楚，谷歌就是搜索引擎。谷歌不会做内容，也不会生产内容。所以，近年来，随着社交媒体的崛起，谷歌与传统媒体的关系更进了一步，因为搜索能为传统媒体的网站带来流量，带来收入，而社交媒体则会分散他们的流量和收入。随着谷歌与脸书在新闻内容上的竞争加剧，这样的合作分化趋势会越来越明显。

链接：谷歌的新闻实验室

2015年6月23日，谷歌上线了一款名为"新闻实验室"（News Lab）的新工具。该工具可以让新闻工作者更好地利用谷歌的数据与工具，并学着用这些数据进行出色的报道。

新闻实验室有一批合作伙伴，比如新锐新闻站点Matter、草根新闻机构Hackers/Hackers、"调查报道中心"、First Draft、WITNESS Media Lab、YouTube Newswire等。

新闻实验室也与传统媒体合作，如与美国有线电视新闻网CNN合作，显示了何处的人们搜索了总统竞选人名单；与《华盛顿邮报》合作，在报道中使用了一张关于气候变化的交互式图案。

通过实验室为新闻记者们提供谷歌地球、YouTube和谷歌地图等各种有用的工具以及数据，使用者可以快速从它的大数据资料库当中找到数据分析，并进阶转换成图表，加上它的强力搜寻功能，可以快速找到图片、过去的历史资料，还可以瞬间透过翻译平台取得其他语言的资料，使用者凭借着这些强大的功能，可加速完成新闻稿件。

在新闻实验室（News Lab）的网站，可以看到有关如

第四章 国际一流网络媒体的融合实践

> 何使用这些研究、报道、发布和使用分析工具的课程。谷歌推出这个新闻实验室并不是想借机宣传自己的搜寻服务功能,而是它们认为科技可能又可以再度改变媒体生态。

2016年,当脸书深陷数据泄密门时,谷歌却发布了《谷歌新闻倡议书》,表示会在未来三年投入3亿美元的资金,并宣布了一系列对媒体的扶持行动。谷歌表示,在谣言与假新闻盛行的当下,他们希望打造一个高质量、有权威性的新闻搜索平台。

谷歌的新行动包括:为记者提供识别互联网假新闻的相关培训、为本地新闻机构提供帮助、协助提升用户的新闻素养等。

谷歌为公民提供了做专业新闻的平台,也建立和专业媒体之间的桥梁,促进了两者之间的合作关系。❶

对于VR技术,谷歌也和传统媒体合作,推出了像Cardboard这样的低端硬件设备和一些高端的设备。例如之前提到的和《纽约时报》推出的VR短片,就是用Cardboard这样的设备观看的。

2016,谷歌还与知名电影导演Patrick Osborne共同制作了一部全新技术的360度全景VR动画短片Pearl,"珍珠"(Pearl)是一对父女的汽车的名字。观众跟随着这辆小车,见证了多年来父女二人在旅途中相伴,与时光一同成长或老去,

---

❶ 黄雅兰,陈昌凤."目击媒体"革新新闻生产与把关人角色——以谷歌新闻实验室为例[J].新闻记者,2016(01):42-49.

以及追逐音乐梦想的故事。与其他360度全景短片不同的是，这是一部可以在观看时互动的影片。❶ 而且本片将观众视角固定在车内，无论如何调转手机，观众始终以一种"坐在副驾上"的视角观看所有的场景。这种明确且固定的视角安排在VR影片中具有优势。由于VR电影带来的"沉浸式"观影体验，任何影片剪辑可能都会给观众带来一定程度的困惑甚至是眩晕恶心感。而本片中的设定提供给了观众始终不变的参考物，即便构图和取景被调整，VR影片中剪辑所带来的混乱感也减弱了。❷

> **链接：谷歌的 VR Cardboard**
>
> 谷歌法国巴黎部门两位工程师利用工作之余的"20%时间"，将纸板作为主材料，花费6个月时间开发了一款VR头显。2014年6月，谷歌对外推出这款头显，命名为"Cardboard"，而这款头显成为不少手机VR公司竞相模仿的鼻祖。
>
> Google Cardboard（Google Cardboard是一个以透镜、磁铁、魔鬼毡以及橡皮筋组合而成，可折叠的智能手机

---

❶ 中文业界资讯站.谷歌ATAP团队和知名动画导演推出互动全景VR动画短片[EB/OL].[2016-5-21]. https://www.cnbeta.com/articles/tech/503459.htm.

❷ 是贝奇啊.超治愈谷歌360度全景音乐动画短片《Pearl》[EB/OL].[2016-5-24]. http://v.km.com/kandian/84326.html.

头戴式显示器，提供虚拟实境体验）非常成功，它不仅带动了移动VR的风潮，还与可口可乐、麦当劳等企业合作，收获了不错的推广效果。

2014年，汽车厂商沃尔沃成为第一个利用谷歌Cardboard做营销的品牌。下载沃尔沃的App，把手机放置在简单组装的谷歌Cardboard眼镜上，就可以360度体验沃尔沃的新车XC90了。不但能看清汽车内部，还能"驾驶"它上路。沃尔沃北美地区执行副总裁Bodil Eriksson更是表示"谷歌Cardboard是一种便携可行、简单有趣而且极具个性的方式，能让人们更好地了解XC90"。

2015年年底谷歌宣布利用虚拟现实技术让人们足不出户地浏览白宫内景。白宫在Youtube上发布的视频由16台GoPro相机组成的虚拟现实摄像机Jump拍摄，制作出一个3D虚拟现实全景视频。整个圣诞虚拟游览都有旁白讲解白宫的历史文化，用户也可以使用谷歌Cardboard虚拟现实设备来体验。对于白宫来说，运用如今大热的虚拟现实技术让好奇的民众对其一探究竟，也是一种表现亲民的政治营销方式。

三、从移动优先到人工智能优先

从 2007 年到 2017 年，安卓（Android）已经过了第十个生日。十年时间，从初生的婴儿，到今天的王者，谷歌通过不断的升级创新书写了这一段光辉的成长历程。

2004 年，美国硅谷的著名极客安迪·鲁宾创立了旨在为手机开发移动软件安卓公司。这个创业公司规模不大，很快就面临资金困难。当时的手机运营商控制着一切，从手机的营销方式到推广成本，他们想要维持现状，不希望任何公司，无论是大公司还是小公司，损害自己的利益。安卓团队向风投资本家介绍自己的理念时，他们最初的商业计划是免费向手机生产商发放软件。这个想法在当时投资者看来是疯狂的，不切实际的。

但是谷歌的联合创始人拉里·佩奇却看到了其潜在的价值。在经过一系列的谈判之后，2005 年 7 月 11 日，谷歌以 5000 万美元收购了安卓公司。

谷歌的移动战略开始是将自己开发的移动应用安装到其他手机上，如诺基亚和黑莓手机。收购安卓后，谷歌不仅要向其他平台安装应用，还要打造自己的系统，推广自己的服务。

2007 年，没有一家运营商愿意与谷歌合作推出第一款安卓系统手机。Verizon 拒绝，Sprint 不感兴趣，AT&T 没有直接回复。甚至最终同意销售的 T-Mobile，一开始也是拒绝的态度。

结果 2009 年，iPhone 的横空出世搅乱了手机市场，也颠

第四章 国际一流网络媒体的融合实践

覆了全球的移动产业。iPhone 的成功反而助推了安卓的巨大成功。❶ 因为 iPhone 的垄断，使得很多运营商开始推广安卓系统的手机。

安卓系统的手机是开源的，任何人都可以拿走安卓原始代码，免费应用到自己的设备上，任何人都可以基于这个代码进行开发和修改。未来，安卓系统将进入一切智能设备，从微波炉到恒温器，再到牙刷。

这是一场由安卓系统引发的融合革命，通过一个开源系统，把所有的终端、人连接起来，并赋予它新的意义。

目前，全球有 85% 的智能手机都使用了安卓系统，它已经成为谷歌相当于掌握移动互联网的入口。

在安卓成为移动端霸主的同时，谷歌又开始向人工智能转移。

2017 年，谷歌首席执行官桑达尔·皮采表示，谷歌目前的战略就是以"人工智能优先"，而非"移动战略优先"。

谷歌正在把人工智能和机器学习技术尽可能多地应用到谷歌业务中，新建立了 Google.ai 平台。AI 对于谷歌来说，不是一个业务，也不是一个目标，而是重塑谷歌生态的血液循环系统。

谷歌的每一个产品业务都将基于 AI，包括谷歌搜索引擎、

---

❶ 从濒临倒闭到统治全球 这是安卓的最真实故事腾讯科技 [EB/OL]. http://tech.qq.com/a/20150329/008398htm.

YouTube、地图、安卓、Chrome 浏览器等，像谷歌翻译等十余个业务已经用 AI 算法重写。AI 将成为血液，贯穿谷歌的每一个毛细血管。❶

近些年，谷歌将公司内部开发和采用的机器学习技术整理到了一起，命名为 TensorFlow。这是一套包括很多常用深度学习技术、功能和范例的框架，被谷歌几乎所有产品采用。从技术角度来说，TensorFlow 是一套开源学习框架，类似 java，而安卓则是一套开源操作系统。

谷歌希望吸引、带领全世界的开发人员对 TensorFlow 进行不断更新，使之成为最大的深度学习平台，成为全球 AI 开发平台的事实性标准。这样，全世界 AI 产品将继续流淌谷歌的血液，并将潜在的财富源源不断引流至谷歌，就如今天绝大多数智能手机中搭载着谷歌安卓操作系统一样。

TensorFlow 好比赋予 AI 能力的乐高积木，外部开发者和使用者可以根据不同的需求选取不同的积木，搭建成自己想要的 AI 产品。❷

而谷歌研制了 AI 专用芯片 TPU，并利用谷歌云为能 AI 开

---

❶ 每日热点精选.巨兽谷歌的新战争：打造 AI 世界的安卓？［EB/OL］.[2017-09-27].http://tech.163.com/17/0927/08/CVAVPIGT00097U7R.html.

❷ 谢丽容，刘以秦，周源.巨兽谷歌的新战争：打造 AI 世界的安卓？［EB/OL］.［2017-9-27］.http://baijiahao.baidu.com/s?id=1579969336197462584&wfr=spider&for=pc

发提供更强大的计算力。谷歌为 AI 应用开发者提供了从芯片到云到深度学习平台到周边软件一全套的工具与服务。

谷歌在人工智能领域的布局不仅早，而且深。从 2006 年，谷歌就开始不断收购人工智能公司，目前达到了 18 家。

目前来看，谷歌的转型是成功的，谷歌不仅要在移动领域取得领先地位，还要在人工智能领域改变世界。

与传统媒体相比，网络媒体的野心似乎更大，能力似乎也更强。但是从媒体融合实践的角度来看，谷歌做的一切也是一种融合。

谷歌搭建了一个底层框架，将所有的设备、渠道、人通过搜索、视频网站以及人工智能连接起来。

这种融合的趋势和未来是难以估量的，也是令人期待的。

第二节　脸书：媒体帝国大厦

从 2004 年以来，但凡提到全球最有影响力的社交媒体，非脸书莫属。这个从哈佛大学的宿舍里诞生的社交网站，已经是 Web 2.0 最有影响力的媒体，并正改写传媒业的历史。

脸书成立十多年来，已经链接了世界上 10 多亿人。在脸书上，大家可以分享图片、新闻、视频等几乎所有东西，它简单快速将各类媒体融合在一起，并且方便快捷。通过不断的融合实践，脸书已经不再是一个简单的社交网站，而是高科技网络公司和传媒集团。

从诞生之初，脸书就在众多的社交网站中脱颖而出，并且不断面临挑战。2005年，MTV网络希望以7500万美元购买脸书。2006年，雅虎打算以10亿美元购买脸书。但是脸书的创始人，年仅22岁的马克·扎克伯格拒绝了所有的收购提议。雅虎前CEO曾说："我从没见过任何人能对10亿美元视而不见。"

脸书的总部是一栋两层楼的建筑，与其他互联网公司相比，这是一个年轻的公司，也是一个小公司。但是在互联网世界，脸书是一座大厦，是一个大平台。脸书是全世界范围内出现的最强大的媒体公司。它也是最让传统媒体公司感到心神不安的对手。

脸书之所以能这么成功，并在短短时间脱颖而出打败其他的社交网站，甚至对谷歌、苹果这样的公司产生威胁。归根到底在于它彻底的互联网分享精神，还有不断践行的融合实践。

一、即时文章的融合困境

几乎所有的传统媒体都无法忽视在脸书这个平台上发布新闻，吸引用户和流量。2015年5月，脸书推出"即时文章"（Instant Articles）项目。其基本内容就是众多媒体把他们的新闻直接授权给脸书，能够直接在脸书上浏览新闻，不用再跳转到相应的新闻网页，但当然也会在新闻里署名原网站。

之所以要实施这项计划的理由是，这样做可以提高手机端的读取速度，进一步改善用户体验。

"即时文章"项目刚推出，就引来了传统媒体业界的一片质疑，很多人认为，这是脸书企图垄断社交网络的另一种方法。还有人指出这是和魔鬼做交易，而不是和天使拥抱。

尽管质疑声不断，"即时文章"项目还是引来了《纽约时报》《国家地理》等一众大牌媒体的进驻。因为脸书提出，各媒体能够获得在脸书新闻平台上自行销售的全部广告收入，如果脸书代为销售广告，则将获得广告收入的约30%，媒体将获得剩余70%。

这个分成比例也是传统媒体与脸书博弈的结果。

2015年，脸书多次调整 News Feed 的算法，导致全球传统媒体网站流量暴跌。

为什么算法调整会对新闻业产生这么大的影响？

因为新算法的规则是把排名第一的位置提供给用户的好友和家人的信息，而不再优先展示来自专业新闻机构的内容。

人们在20世纪已经开始习惯于在门户网站看新闻，而不是到新闻媒体网站上看新闻。而现在人们获取新闻的主要渠道是脸书这样的社交网站。

所以，没有传统媒体能够绕开脸书这个重要的流量出口，但是也没有人愿意白白把自己的好内容送给他人。

对于许多传统媒体来说，脸书的"即时文章"是一个好机会，自身的内容在脸书上可以大大地增加被分享和转载的概率。而对于脸书来说，通过托管媒体内容可以让用户们在应用内很快搜索到需要的新闻,让他们更长时间的停留在脸书页面上。

但是,令人没有想打的是,仅一年以后,这个项目就面临关门的危险。

像《纽约时报》这样的主要合作伙伴开始对于即时文章的变现规则感到非常不满。《纽约时报》执行副总裁金斯利·威尔森表示,直接从官网进入的用户,比从脸书进入的用户更容易成为付费订阅者。而且即时文章内链接的变现能力还不如自己发链接,所以《纽约时报》觉得没必要继续在即时文章上进行投入了。

像福布斯、Quartz这样的商业新闻网站也开始撤出内容。康泰纳仕集团也认为,吸引读者到自己的官网才是首要目标,所以其旗下品牌媒体都很少再使用即时文章了。赫斯特集团数字总裁特洛伊·杨当时还说:"我们旗下的品牌迟早都要进驻。"他们的Cosmopolitan确实是第一个进驻的品牌,但现在,他们已经全线退出了即时文章,觉得变现功能没什么大用。

作为回应,脸书罕见地开始向发布者妥协退让,比如推出新的订阅选项,但是情况好像并没有扭转。

没有人想到这个项目会这么快就面临危机,社交媒体逆向融合传统媒体之路看上去也并没有那么顺畅。

在我们不断探讨媒体融合这个大命题时,一直是从传统媒体面临危机,传统媒体被融合这样的角度来思索的。

很少有人会想到像脸书这样的强势新媒体平台也会面临着融合的各种问题和困难。

第四章　国际一流网络媒体的融合实践

如果可以通过邀请媒体机构直接在脸书上发布内容，就可以圈养诸多一流的传统媒体与新媒体，那传统媒体的末日就真要来了。

事实上，通过即时文章项目，我们发现传统媒体在这样的逆向融合趋势面前也并没有那么弱势。在媒体融合之路中也没有那么被动。

在"即时文章"项目之后，脸书又推出独立新闻阅读应用——notify。然而，notify 在推出后七个月就在苹果商店下架，宣告失败。而早在 2011 年，脸书与《华盛顿邮报》合作开发的"Social Reader"也在问世一年后关闭。

脸书几次对新闻界的收割都以失败告终，但是它并没有停下与传统媒体融合的脚步。

2016 年，脸书开始涉足视频领域，推出了直播功能 Facebook Live。从一开始，Facebook Live 就邀请了众多国际一流媒体的入驻。如 BBC、CNN、《纽约时报》等，给 Facebook Live 带来了大量优质内容。

像扎克伯格让宇航员翻跟斗，用户直播法国南部城市尼斯暴恐现场，《每日邮报》、BBC 等媒体通过 live 报道脱欧公投等，都是 Facebook Live 上热门的视频。

虽然脸书进场较晚，但是发展非常迅速，视频的播放量更是直逼 YouTube。

为了鼓励大家进行各种场景直播，脸书向所有三方开发者发布了 Facebook Live API（应用程序编程接口），几乎各类智能设备均能够集成该功能,而且不限于手机或平板。开发者能够在其他应用程序和设备上嵌入脸书的视频直播。

脸书花费 5000 万美元跟 140 家新闻机构、公司和演员、网红合作,邀请他们在 Facebook Live 上直播。在美国和英国的电视、网络,线下的广告牌、巴士、行李提取处大力投放 Live 的广告。

媒体可以 Facebook Live 上获取直播的统计数据,包括观看的人数、群体以及地域,在时间轴上会出现人数波形图,借此可以分析直播人数的峰值和低谷,然后进行有针对性的改进,同时网友留下的评论和问题也成为媒体分析的数据和资料。❶

虽然脸书已经是新闻的主战场,也希望建构一个自身的媒体帝国,但这条路现在看来仍然任重而道远。

社交媒体带给新闻业的,的确是一个最好的时代,也是一个最坏的时代。❷

二、帝国初现与危机

从一个单纯的社交网络,到一个社交帝国,脸书只用了十年。

这十年来,脸书发展到底有多快?规模有多大?

---

❶ IT 老友记.“直播 + 媒体”才是 Facebook Live 的真正王牌 [EB/OL].[2016-9-9].http://blog.sina.com.cn/s/blog_a54759980102wrs7.html.

❷ 孙坚华,方兴东.在媒体融合语境下看 Instant Articles 对美国媒体的逼宫 [EB/OL].[2015-5-5].https://www.jianshu.com/p/bd287a038e57.

很多时候都出乎人们的想象。

脸书旗下拥有脸书、Messenger、Instagram、Group、Whatapps 等用户规模上亿的一众社交媒体。

脸书月度用户约 23 亿，Group 用户有 7 亿，Whatapps 有 7 亿，Messenger 有 6 亿，Instagram 有 3 亿。

建筑在这个群组之上的媒体融合，让人的想象力变得苍白。

近年来，脸书进行了多次规模巨大的收购，收购实时通讯软件 WhatsApp 花了 160 美元，收购图片社交软件 Instagram 花了 10 亿美元，收购虚拟现实公司 Oculus 花了 60 亿美元，总金额达到了 230 亿美元。

这种融合和并购在很多传统媒体看来都是不可思议，不可想象的。

多年后，再看这些惊世之举，不得不说这是脸书在社交上追求极致的结果，是对未来发展的独具眼光，是为了连接一切人的目标而做出的努力。

但是，脸书帝国扩张的过程中也不是一帆风顺的。

2015 年崛起的新兴的社交网站 Snapchat 就是这样一个让脸书头疼的后起之秀。Snapchat 是一款阅后即焚的社交软件，受到了很多年轻人的青睐。对于很多年轻人来说，脸书已经是父母那一代人的社交网站了，他们不愿意在社交网站上看到父母，或者让父母了解他们的生活，所以像 Snapchat 这样的软件迅速打开市场。

脸书也做过一个类似的软件，但是很快就遭遇失败。

自己做不成，那就收购过来，这是所有互联网公司的逻辑和做法。

所以，脸书开始试图收购 Snapchat，但是被拒绝了。

Snapchat 虽然在用户规模和资金规模上都不如脸书，但是正是因为它的独立性才使它能吸引众多用户。Snapchat 近年来多种的创新之举，都是其他社交媒体争相模仿的对象。

虽然脸书一直在收购其他软件，其实也非常重视的开发和融合创新。比如 Messenger 和 Group，就是在脸书内部孵化并取得成功的。

Messenger 这款产品最初是脸书的聊天功能。2013 年，脸书将这个功能从主应用中分拆，让 Messenger 成为一个单独的平台。

扎克伯格曾表示将利用 Facebook Messenger 拓展和人、商业、硬件深度连接的进一步计划。这有点类似微信提出的"行业解决方案"，就是以微信公众号和微信支付为基础，帮助传统行业将原有的商业模式转移到微信平台上，并形成服务线上和线下的闭环。❶

为了增强社交属性，Messenger 中还有多个订制的 HTML 5 游戏，并记录好友中的最高分。这和微信的跳一跳之类的小程

---

❶ 奕欣.终于，Facebook Messenger 要变成微信了［EB/OL］.［2015-3-26］.https://www.leiphone.com/news/201503/JrX5w4sFtKvpZxjk.html

序有很多相似之处。

而对于 Facebook group，则有点类似国内的微信群和 QQ 群的功能。群组分类包括家庭、朋友、同学、队友、邻居和购物类，用户可以自定义群组，而且在 Discover 板块，算法会基于你点赞的页面你朋友所在的群组和你的居住地向你推荐群组，从而鼓励用户与、更多兴趣相投但是在现实中并不认识的人产生交流。

Groups 是一个独立的 App 应用，应用的设计也与脸书应用不同，颜色更加鲜明，界面也更简洁。用户也更容易将注意力放在内容上，而不是向脸书一样的社交关系上。

为了打造更多的成功应用，脸书成立了"创新实验室"（Facebook Creative Labs），开发出其他独立的有竞争力的移动应用。

但是，很多尝试都并不尽如人意。比如 Paper（一款社交阅读应用）、Slingshot（类似 Snapchat 的阅后即焚软件）、Poker（已经失败的一款阅后即焚工具）、Mentions（一款专为演员、歌手、运动员以及其他有影响力的人所设计的与粉丝互动社交的应用程序）以及 Rooms（一款匿名社交软件）。所以，脸书虽然是社交老大，但是想做融合，想做引领者，尝试也往往不一定成功。

在过去几年中，脸书也不得不面对一些尖锐的指责，脸书一度被认为是"假新闻"的制造者和传播渠道，包括一些谋杀现场的直播，制造一些泡沫，甚至为分裂国家推波助澜。扎克伯格也在不断改进,通过群组的方式去解决这些问题。他说:"世界上一些重大的事情都不会发生在一个国家或一群人的决策下,不可能是自上而下推动的。我们需要的是自下而上地建立。"

2017年,扎克伯格发布了脸书十年战略规划图。他强调,脸书的核心愿景依然是"努力通过技术,让用户可以与所有人分享一切"。

未来十年的战略着眼点则是人工智能AI、虚拟现实VR、增强现实AR、无人机网络技术等面向未来的新技术。

和谷歌不同,脸书没有提出全面向人工智能转型,但是也非常重视人工智能的发展。脸书已成立了人工智能研究院(FAIR),并在加州门洛帕克、纽约、巴黎和蒙特利尔等地建立了人工智能研究室,共拥有100多位科学家。

脸书也不断收购各种人工智能公司,例如提供虚拟助手服务的初创公司Ozlo,换脸应用开发商Masquerade Technologies、计算机视觉公司Zurich Eye和Fayteq AG、面部识别技术公司FacioMetrics等。

脸书也一直致力于虚拟现实技术与社交媒体的融合。2016年,脸书对外发布了该公司第一款虚拟现实社交工具"Facebook Spaces"。这款软件提供了虚拟现实世界中交朋结友的功能,用户可以为自己定制一个头像,可以在虚拟世界的不同房间里,认识不同类型的朋友,可以分享精彩内容。

为了更好地连接所有人,脸书还推出了太阳能无人机乃至

第四章 国际一流网络媒体的融合实践

卫星的进展与规划，将免费无线网络带给网络基础设施匮乏的国家和地区，给脸书和开发者带来新的用户增长。

美国网络杂志 Slate 评论说：脸书已经通过两种截然不同的方式实现了自我再造。首先，它不再是纯粹的社交网络，而是成为一个在线世界的个性化门户。其次，它正在大举下注科技和社交媒体的未来，它已经不能再简单地被定义为一家社交网络——就像 Alphabet 不能再被定义为搜索网站一样。❶

链接：脸书做搜索 ❷

对于搜索，脸书一开始就要和谷歌做得不同。

在传统的谷歌搜索中，我们搜索的是网页，网页出现的先后顺序取决于各链接在整个互联网被使用的程度高低。链接就像投票一样，帮助谷歌决定当你搜索特定主题时该向你展示哪些热门网页。而脸书的 Graph Search 则让搜索对象由网页变成了真实生活中的东西，好友、地方和事物。这些东西之间的连接主要靠赞（like）来反应。他和她是不是都喜欢这幅照片呢？哪些朋友也喜欢这家餐馆呢？这些赞才是将脸书花园内信息整合到一起

---

❶ Prableen Bajpai. 脸书在人工智能的道路上走了多远？[EB/OL].[2017-10-13].https://www.sohu.com/a/196139665_99985415.

❷ 黑太一. 脸书的搜索和 Google 的搜索有什么不同？[EB/OL].[2013-01-16].https://36kr.com/p/200788.

169

的关键。

　　脸书压根没打算做一个比谷歌更好的搜索引擎，而是给出了一个其他任何地方都没法提供的搜索服务。比如谷歌可以告诉你旧金山都有哪些中餐馆，而脸书则能告诉你这些中餐馆中都有哪些是被你的好友赞过的，或者再进一步，被哪些土生土长的旧金山人而且还是你的好友的人赞过。你还可以选择其他的选项，比如被你的单身朋友、直性朋友喜欢过。

　　在未来，你可能在脸书找到一切你想要的实用的信息，比如两个并不熟悉的人会共同喜欢哪些书，或者那些极喜欢奥巴马又喜欢乔布斯的人会听什么样的音乐。脸书也希望进一步改进搜索，并为用户提供更实用的服务。

　　这一点上，国内的微信也似乎也在走相同的路线，微信做搜索被誉为是抢百度的饭碗，但是后来证明，微信的搜索和百度有很大的不同。

　　但是，没有搜索基因的社交平台想做好搜索，确实还是需要等待时间的检验。

　　——内容引自《脸书的搜索和谷歌的搜索有什么不同》

本章小结

对国际一流网络媒体的研究其实还很不充分，虽然本文只描述了谷歌和脸书这两个最大网络媒体，但是还有推特、YouTube、赫芬顿邮报和 Buzzfeed 等众多媒体等着我们去研究。关于这些网络媒体，特别是国际一流的网络媒体，现在并没有定论，也没有系统的研究，本文只是希望抛砖引玉，从一些独特的视角去看网络媒体的发展问题。作为媒体，它们已经足够大，也足够强。但是媒体的责任，社交媒体和搜索引擎暴露出来的媒体伦理等问题，却值得人们深思。

在网络平台和传统媒体的竞合中，我们看到的也不总是成功。网络平台想兼并融合新兴媒体，也不总是一帆风顺。

任何融合都是艰难的，难以预测的。正如任何事情都是一把双刃剑。

互联网赋予了这些平台媒体巨大的能量，反过来也可能将其吞噬。

中国已经有 BAT 这样的可以与世界一流网络媒体抗衡的平台，但是从国际影响力和公信力上来看，还远远不够。

我们想争夺网络平台上的国际话语权，仍然还有很长的路要走。

结语

对于国际一流媒体融合实践的梳理，并回望纸媒、广播电视、网络和社交媒体的发展历程，我们逐渐勾勒出一个全景式的媒体演进脉络。这一脉络是随着科技的创新和互联网的发展而逐步深入的一个过程。

媒体融合的概念虽然已经提出了20多年，但是从未变得像今天这样深刻和不可预测。

这一阶段中，传媒格局重新洗牌，权力更迭不断进行，其中充满变数与机遇。

结 语

以《纽约时报》为例，这一老牌媒体无论如何进行创新与反制，也改变不了像BUZZFEED这样的后起之秀的打压和反击。谷歌在互联网1.0时代风光无限，却抑制不了脸书这一的社交巨头对其用户的掠夺和资本市场的分割。

未来，媒体行业新的大变革，将会在大数据、人工智能、无人机、可穿戴设备、LOT、物联网、虚拟现实、植入芯片等驱动的即时媒体中发生，这些领域还有不少重大破局机遇。当前，无论传统媒体还是新媒体，都在试图寻找这种机遇，在本书中的描述中，我们处处可以看到这样的融合、这样的努力。

同时，国际一流媒体的融合演变，不仅涉及资本实力和传播实力的较量，更大意义上还会上升到国际话语权和国家软实力的竞争上来。从国家层面上看，媒体融合的本质关乎国际话语权的争夺。因此，中国建设国际一流媒体，相关传播策略和建设方案必须具备国际视野，积极争夺国际话语权，同时还需立足本国实情。

之前我们总提的各种传播策略和建设方案，在日新月异的国际竞争和发展中显得还是有些局限。未来科技公司的角逐可能更加会成为传媒格局变化的主力军，虽然我们有BAT这样的互联网公司能与美国的互联网公司一争高下，但是我们的传统媒体，与《纽约时报》、BBC、CNN等相比，仍然有较大的差距。

我们要发展国际一流媒体，需要从传统媒体和网络媒体两方面发力，通过充分的融合实践，积极的探索和勇于开拓的精神，力争在未来的国际媒体竞争中赢得一席之地。这一实践，可以从技术、人才、思维等方面寻找突破口。在技术层面，传统媒体和新媒体都要充分发挥技术资源的支撑作用，利用新兴技术提升自身信息传播力，催动双方实现跨界式合作，同时持续关注技术走向，重视新兴技术研发；在人才层面，着力打造融合型媒体人才，提高人才培养力度，促进社会需求与人才培养相对接；在思维方面，立足于媒介发展与社会变迁，不断前进的同时，积极地进行反思。同时，还需要积极探索媒体行业商业新模式，积极规划传媒行业新布局。

总之，未来媒体的融合演变，前进之路任重而道远。

参考文献

[1] 张咏华，曾海柯，文浩，等.传媒巨轮如何转向：移动互联网时代的国际传媒集团［M］.南方日报出版社，2014.

[2] 李舒东，等.国际一流媒体研究［M］.世界知识出版社，2013.

[3] 王庚年.建设现代综合新型国际一流媒体研究［M］.中国国际广播出版社，2011.

[4] 黄斌元，钱银.21世纪国际媒体业的现状与未来［M］.中国金融出版社，2013.

[5] 张军芳.国际媒体 中国声音［M］

中国大百科全书出版社，2015.

［6］冷凇.新形势下媒体国际传播与话语权竞争［M］.中国社会科学出版社，2016.

［7］腾讯传媒研究院.众媒时代［M］.中信出版社，2016.

［8］徐琴媛等.世界一流媒体研究［M］.中国广播电视出版社，2011.

［9］项勇，王文科.媒体融合的探索与实践［M］.中国广播影视出版社，2015.

［10］景义新.传统媒体与新媒体融合下的人性化媒介研究：以移动互联网终端 ipad 为例［M］.中国社会科学出版社，2015.

［11］付晓光.互联网思维下的媒体融合［M］.中国传媒大学出版社，2018.

［12］亨利.詹金斯.融合文化：新媒体和旧媒体的冲突地带［M］.商务印书馆，2012.

后记

　　从 2009 年开始,学界和业界就不断呼吁要建设中国的国际一流媒体。2011 年,中共十七届六中全会通过的《中共中央关于深化文化体制改革推动社会主义文化大发展大繁荣若干重大问题的决定》明确提出,要加强国际传播能力建设,打造国际一流媒体,提高新闻信息原创率、首发率、落地率。2014 年 8 月 18 日,中央全面深化改革领导小组第四次会议审议通过了《关于推动传统媒体和新兴媒体融合发展的指导意见》。中央全面深化改革领导小组组长习近平强调,推动传统媒体和新兴媒体融合发展，要遵循新闻传播规律和新兴媒体发展规律，强化互联网思维，坚持传统媒体和新兴媒体优势互补、一体发展，坚持先进技术为支撑、内容建设为根本，推动传统媒体和新兴媒体在内容、渠道、平台、经营、管理等方面的深度融合，着力打造一批形态多样、手段先进、具有竞争力的新型主流媒体，建成几家拥有强大实力和传播力、公信力、影响力的新型媒体集团，形成立体多样、融合发展的现代传播体系。要一手抓融合，一手抓管理，确保融合发展沿着正确方向推进。

在这样的背景下，我开始思考国际一流媒体建设和媒体融合的相关问题。2015年，我开始酝酿这本书的基本框架和内容，并确定要研究国际一流媒体的融合实践。希望通过国际一流媒体的在媒体融合中的前沿做法和实践经验，为中国打造国际一流媒体，提升国际话语权提供启示和参考。

三年来，我几易其稿。最初的想法和框架也大改三次，小改了无数次。这其中不是因为我的想法多变，而是这种融合的发展太快，变化太大。在2015年时，很多国际一流媒体还没有开始涉足原生广告，没有进行体制的改革，没有开始做VR、AR。像人工智能，无人机，算法，信息流这些现在已经司空见惯的新技术，新手段，也不过才发展了两三年的时间。并且，这些新技术，新手段，新渠道的发展，速度之快出乎意料，超乎想象。

在写本书的过程中，遇到了很多困难。但最大的困难就是形势变化太快，资料太多太杂。如何取舍，如何让这些内容真正有价值和借鉴意义，是我一直在思考和反复考量的。

后　记

哪些媒体是国际一流媒体，也需要仔细考量。近年来产生的一些新媒体如国外的 Snapchat，buzzfeed，国内的微信、QQ、抖音。这些算不算国际一流媒体，如论他们的用户量和影响力，我相信不比一些传统媒体的国际一流媒体差，但是如何对比，如何借鉴经验，确实也有不小的难度。

所以，本书从构思到出版，前后 4 年多的时间，是非常艰难的一个过程。

感谢北京印刷学院海聚人才项目和北京印刷学院北印英才项目的支持，也感谢学校的各位前辈同仁给我的指导和支持。

感谢我的研究生李美霖、崔玉可、黄秋秋，他们为本书提供了大量的资料搜集和文稿整理工作。

感谢我的父母、先生和我的两个孩子，没有你们的付出和理解，也没有本书的出版。

感恩所有出现在我的生命中并对我提供帮助的所有人。

本文中有很多图片和内容由于版权原因难以在书稿中呈现，我希望能给对此研究有兴趣的同行们和老师们多交流，现留下邮箱和联系方式，希望与大家能有更深入的沟通，也请大家批评指正。

张聪

2018 年 8 月于北京家中